KYOTO UND OSAKA REISEFÜHRER 2025

CLINTON B. WILLOBS

Inhaltsverzeichnis

Einleitung

Als erfahrener Reisender, der unzählige Städte und Kulturen durchwandert hat, bleibt meine Reise nach Kyoto und Osaka eine der transformativsten Erfahrungen meines Lebens. Ich erinnere mich lebhaft an die Mischung aus Aufregung und Skepsis, die meine Ankunft begleitete. Bevor ich einen Fuß in Japan setzte, hatte ich Meinungen im Internet gelesen – einige lobten die ruhige Tradition von Kyoto, während andere davor warnten, dass Osakas energiegeladene urbane Atmosphäre überwältigend wirken könnte. Doch nichts ist vergleichbar mit der Erfahrung aus erster Hand, und ich erkannte schnell, wie begrenzt diese Ansichten waren. Meine Zeit dort hat nicht nur mein Verständnis dieser Städte verändert, sondern auch meine Sicht auf die Welt.

Jedes Detail, das in diesem Reiseführer geteilt wird, stammt von einem Spaziergang durch die alten Straßen Kyotos, dem Gefühl der stillen Verehrung seiner Tempel und dem Probieren von Osakas feurigem Streetfood unter neonbeleuchtetem Himmel. Ich habe diese persönlichen Begegnungen mit gründlichen Recherchen kombiniert, um Ihnen einen umfassenden, authentischen Einblick in das Herz der Kansai-Region zu bieten.

Traditionelles Kyoto vs. modernes Osaka

Kyoto und Osaka sind zwei lebendige und doch kontrastreiche Juwelen der japanischen Kansai-Region, die jeweils ein einzigartiges, aber komplementäres Erlebnis bieten. Kyoto mit seinen tiefen historischen Wurzeln ist ein lebendiges Museum der traditionellen Kultur Japans. Es lädt Reisende ein, inmitten von ruhigen Tempeln, die mit goldenen Blättern geschmückt sind, ruhigen Zen-Gärten und engen Gassen, in denen jahrhundertealte Machiya-Holzhäuser Geschichten aus der Vergangenheit erzählen, in die Vergangenheit zurückzureisen. Hier entfalten sich jahrhundertealte Feste mit Anmut, und kulturelle Praktiken wie Teezeremonien bewahren eine elegante Einfachheit, die die Seele beruhigt.

In einem starken, aber harmonischen Kontrast pulsiert Osaka mit urbaner Energie und moderner Dynamik. Die Stadt glänzt mit eleganten Wolkenkratzern, belebten Einkaufsstraßen und einem Nachtleben, das bis in die frühen Morgenstunden pulsiert. Osaka, bekannt als "Japans Küche", lockt mit einer kulinarischen Szene voller Aromen – von den knusprigen Takoyaki-Bällchen, die an Straßenecken brutzeln, bis hin zu den herzhaften Okonomiyaki-Pfannkuchen, die die lokale Hausmannskost definieren. Die leuchtenden Neonlichter von Dotonbori und der Panoramablick vom Umeda Sky Building zeichnen das Porträt einer Metropole, die niemals schläft.

Wenn man beide Städte nebeneinander erlebt, erhält man ein vollständigeres Bild von Japans Kansai-Region, in der Vergangenheit und Gegenwart in einem empfindlichen Gleichgewicht tanzen. Die friedlichen Traditionen Kyotos und das temperamentvolle Stadtleben in Osaka verkörpern die Vielfalt und den kulturellen Reichtum, die Japan für Reisende, die Tiefe und Entdeckungen suchen, unendlich faszinierend machen.

Warum 2025? Weltausstellung Osaka und saisonale Highlights

2025 verspricht ein außergewöhnliches Jahr für einen Besuch in Kyoto und Osaka zu werden, das den Reisenden eine einzigartige Mischung aus historischem Charme und zukunftsweisender Aufregung bietet. Im Mittelpunkt dieser Vorfreude steht die **Weltausstellung 2025**, die in Osaka stattfinden wird. Diese globale Veranstaltung verspricht, die Stadt in ein pulsierendes Zentrum für Innovation, Kultur und internationale Zusammenarbeit zu verwandeln. Unter dem Motto **"Designing Future Society for Our Lives"** präsentiert die Expo Spitzentechnologien, nachhaltige Lösungen und kreative Ideen aus Ländern auf der ganzen Welt. Besucher haben die seltene Gelegenheit, bahnbrechende Ausstellungen neben Japans reichem kulturellem Erbe zu sehen, was Osaka zu einem Muss im Jahr 2025 macht.

Die Wirkung der Expo geht über das Messegelände hinaus. Es wird erwartet, dass es den Tourismus erheblich ankurbeln wird, was zu Verbesserungen der Infrastruktur, des Gastgewerbes und der lokalen Attraktionen führen wird. Für die Besucher bedeutet dies einen verbesserten Zugang, neue kulturelle Veranstaltungen und die Möglichkeit, mit einer internationalen Gemeinschaft von Reisenden und Innovatoren in Kontakt zu treten.

Neben der Expo bieten sowohl Kyoto als auch Osaka einen Kalender voller saisonaler Höhepunkte und traditioneller Feste, die jeden Besuch bereichern:

- **Frühling (März bis Mai):** Kyotos Kirschblüten erreichen ihren atemberaubenden Höhepunkt, mit ikonischen Orten wie dem Philosophenpfad und dem Maruyama-Park, die sich in rosa Wunderlandschaften verwandeln. Auch Osaka nimmt an den Feierlichkeiten teil, wo die Flussufer in Dotonbori wunderschön blühen. Frühlingsfeste wie Aoi Matsuri in Kyoto und Tenjin Matsuri in Osaka sorgen für historische Tiefe und lebendige Prozessionen.

- **Sommer (Juni bis August):** Die Wärme bringt lebendige Festivals wie das Gion Matsuri in Kyoto, eines der berühmtesten und am längsten laufenden Festivals Japans mit kunstvollen Wagen und traditionellen Paraden. Osaka erleuchtet mit dem lebhaften Tenjin Matsuri, bei dem Bootsprozessionen und spektakuläre Feuerwerke zu sehen sind. Die Sommerabende sind perfekt, um die lokalen Streetfood-Märkte zu erkunden und das pulsierende Nachtleben zu genießen.

- **Herbst (September bis November):** Das kühlere Wetter taucht die Tempel und Gärten von Kyoto in feurige Rot- und Goldtöne, vor allem rund um Kiyomizu-dera und Tofuku-ji. Auch die Parks von Osaka, wie der Minoo Park, bieten atemberaubendes Herbstlaub. Festivals wie das Jidai Matsuri in Kyoto zelebrieren historischen Prunk, während Osaka verschiedene kulturelle Veranstaltungen veranstaltet, die den dynamischen Geist des Landes unter Beweis stellen.

- **Winter (Dezember bis Februar):** Die Winter in Kyoto und Osaka sind im Vergleich zu Nordjapan milder und schaffen eine friedliche Atmosphäre, die sich perfekt für Tempelbesuche ohne Menschenmassen eignet.

Illuminationen und Lichterfeste erhellen die Städte, während traditionelle Neujahrsfeiern die Besucher einladen, Japans spirituelle Erneuerung zu erleben.

Im Jahr 2025 wird die Mischung aus **der innovativen Energie der Weltausstellung** mit **den zeitlosen Traditionen Kyotos und dem pulsierenden Stadtleben von Osaka** dieses Jahr zu einer wirklich unvergesslichen Zeit machen, um die Region Kansai zu erkunden. Egal, ob Sie von hochmodernen Exponaten, saisonalen Schönheiten oder kulturellen Festen angezogen werden, Ihr Besuch wird durch Erlebnisse bereichert, die ebenso vielfältig wie inspirierend sind.

So verwenden Sie diesen Leitfaden

Willkommen zu deinem umfassenden Kyoto und Osaka Reiseführer für 2025! Dieser Leitfaden wurde speziell für Sie entwickelt – egal, ob Sie ein Solo-Abenteurer sind, mit der Familie reisen, zum ersten Mal hier sind oder zurückkehren, um tiefer zu erkunden. Unser Ziel ist es, Ihre Reise so reibungslos, angenehm und unvergesslich wie möglich zu gestalten.

Der Reiseführer ist in klare, praktische Kapitel unterteilt, die von der Planung Ihrer Reise bis hin zu detaillierten Reiserouten und kulturellen Einblicken alles abdecken. Die ersten Kapitel helfen Ihnen bei der Vorbereitung und geben Ratschläge zu den besten Besuchszeiten, Visabestimmungen, Budgetierung und Transport. In stadtspezifischen Abschnitten tauchen Sie ein in den einzigartigen Charme der traditionellen Tempel und ruhigen Viertel von Kyoto sowie in die pulsierende urbane Szene und die kulinarischen Köstlichkeiten von Osaka.

Hier finden Sie Kapitel, die sich mit kultureller Etikette, Sicherheitstipps und verantwortungsbewusstem Reisen befassen, um sicherzustellen, dass Sie sich mit Leichtigkeit und Respekt durch die lokalen Gepflogenheiten bewegen. Die Beispielrouten bieten flexible Optionen, die auf unterschiedliche Reiselängen und Interessen zugeschnitten sind, egal ob Sie ein Feinschmecker, Kulturliebhaber oder mit Kindern reisen.

Nutzen Sie diesen Leitfaden als flexiblen Begleiter – Sie können je nach Bedarf und Interesse zwischen den Kapiteln wechseln. Beginnen Sie zum Beispiel mit der Planung, wenn Sie die Logistik organisieren, oder tauchen Sie direkt in die Attraktionen ein, wenn Sie schnelle Ideen haben möchten. Die Anhänge enthalten praktische Karten, wichtige japanische Sätze, Notfallkontakte und App-Empfehlungen, damit Sie auch unterwegs in Verbindung bleiben und informiert bleiben.

Am wichtigsten ist, dass Sie Ihre Reise personalisieren! Dieser Leitfaden bietet eine Fülle von Optionen, aber Ihre Reise liegt in Ihrer Hand. Kombinieren Sie Erlebnisse, probieren Sie neue Speisen, erkunden Sie versteckte Schätze und tauchen Sie in die reiche Kultur in Ihrem eigenen Tempo ein. Auf ein unvergessliches Abenteuer in Kyoto und Osaka!

Planen Sie Ihre Reise

Basierend auf umfangreichen Erfahrungen aus erster Hand und gründlichen Recherchen führt Sie dieser Abschnitt reibungslos durch alle wichtigen Vorbereitungen, bevor Sie sich auf den Weg machen.

Bei der Planung einer Reise in die japanische Region Kansai geht es um mehr als nur die Buchung von Flügen und Unterkünften. Von der Wahl der besten Reisezeit über das Verständnis der Visabestimmungen, die kluge Verwaltung Ihres Budgets bis hin zur Gesundheit und Sicherheit unterwegs – dieses Kapitel führt Sie mit klaren, praktischen Ratschlägen durch jedes Detail.

Wenn Sie ein Alleinreisender sind, der auf der Suche nach der perfekten Jahreszeit ist, eine Familie, die Budgets und gesundheitliche Bedürfnisse unter einen Hut bringt, oder ein Neuling, der sich in den Einreiseprotokollen Japans zurechtfindet, finden Sie hier maßgeschneiderte Empfehlungen. Wir behandeln wichtige Themen wie Währungsumtausch, Zugang zu Geldautomaten und steuerfreies Einkaufen sowie wichtige gesundheitliche Aspekte wie Impfungen und Notfallkontakte. Dieses Kapitel ist Ihr Planungswerkzeug – es stattet Sie mit dem Wissen aus, um Überraschungen zu vermeiden, fundierte Entscheidungen zu treffen und ein Reiseerlebnis zu schaffen, das Ihrem Stil und Ihren Bedürfnissen entspricht. Mit diesen Grundlagen machen Sie sich auf den Weg nach Kyoto und Osaka, um vollständig in ihre einzigartige Mischung aus Tradition und Moderne einzutauchen.

Visum und Einreisebestimmungen

Japan begrüßt internationale Reisende mit unterschiedlichen Visabestimmungen je nach Nationalität. Viele Länder, darunter die Vereinigten Staaten, Kanada, Australien, das Vereinigte Königreich und die meisten europäischen Nationen, profitieren von der Visumbefreiung für kurzfristige Touristenbesuche, die in der Regel Aufenthalte von bis zu 90 Tagen ohne vorherige Beantragung ermöglichen. Reisende aus Ländern, die ein Visum benötigen, müssen sich vor der Ankunft bei einer japanischen Botschaft oder einem japanischen Konsulat bewerben und Dokumente wie einen gültigen Reisepass, einen Nachweis über die Weiterreise und einen Nachweis über ausreichende finanzielle Mittel vorlegen. Es ist wichtig, die aktuellsten Informationen aus offiziellen Quellen zu überprüfen, da die Richtlinien regelmäßig aktualisiert werden können.

Für das Jahr 2025 lockert Japan weiterhin einige der Reisebeschränkungen, die während der COVID-19-Pandemie eingeführt wurden. Die Quarantänebestimmungen wurden für die meisten Reisenden gelockert oder aufgehoben, aber es ist ratsam, alle gesundheitsbezogenen Einreisemaßnahmen kurz vor Ihrem Abreisedatum zu überprüfen, da es zu Änderungen kommen kann. Alle Besucher sollten darauf vorbereitet sein, die notwendigen Dokumente beim Zoll vorzulegen, einschließlich ausgefüllter Gesundheitsfragebögen oder Impfnachweise, falls erforderlich. Wenn Sie mit Papierkram organisiert sind und gut informiert ankommen, können Sie einen reibungslosen und schnellen Einstieg gewährleisten.

Um Verzögerungen zu vermeiden, sollten Reisende auch die Zollbestimmungen beachten, einschließlich der Beschränkungen für die Mitnahme bestimmter Gegenstände wie Lebensmittel, Pflanzen oder großer Mengen Bargeld. Die Deklaration von verbotenen oder eingeschränkten Gütern ist obligatorisch. Darüber hinaus werden Reisende aufgefordert, mehrere Kopien wichtiger Dokumente mit sich zu führen, digitale Versionen zugänglich zu haben und rechtzeitig vor dem Abflug am Flughafen anzukommen. Wenn Sie diese Richtlinien befolgen, können Sie Ihr Abenteuer in Kyoto und Osaka stressfrei und bereit für Erkundungen beginnen.

Budgetierung & Geldangelegenheiten

Japans offizielle Währung ist der **Yen (¥), der** in Stückelungen von 1 Yen, 5 Yen, 10 Yen, 50 Yen, 100 Yen und 500 Yen sowie Banknoten von 1.000 Yen, 5.000 Yen und 10.000 Yen erhältlich ist. Der durchschnittliche Wechselkurs im Jahr 2025 beträgt etwa **1 USD = 130 Yen** und **1 EUR = 140 Yen**, aber denken Sie daran, dass diese Kurse schwanken können. Es ist immer eine gute Idee, sich vor Ihrer Abreise über die aktuellen Wechselkurse zu informieren, und ich empfehle, Geld bei einer seriösen Wechselstube am Flughafen umzutauschen oder lokale Geldautomaten zu nutzen, um die besten Kurse zu erhalten.

Wenn es um den Geldwechsel geht, habe ich auf die harte Tour gelernt, dass **Flughafenbörsen** im Vergleich zu lokalen Wechselstuben oder Geldautomaten oft höhere Gebühren verlangen. Bei meiner ersten Reise habe ich nicht recherchiert und am Ende mehr Geld am Flughafen gewechselt, als ich brauchte, was mich zusätzliche Gebühren kostete. **Geldautomaten** in Japan sind weit verbreitet und im Allgemeinen einfach zu bedienen, insbesondere in **7-Eleven-Filialen** und **Postämtern**, die internationale Karten akzeptieren. Es ist jedoch erwähnenswert, dass **ausländische Karten** möglicherweise nicht an allen Geldautomaten funktionieren, daher ist es am besten, sich vorher bei Ihrer Bank zu erkundigen und immer eine Backup-Option zu haben.

Bargeld bleibt in Japan König, vor allem bei kleineren Einkäufen. Während größere Geschäfte, Hotels und Restaurants **Kreditkarten akzeptieren**, bevorzugen viele kleinere Einrichtungen – wie Straßenverkäufer, Tempel und ländliche Gebiete – Bargeld. **Mobile Zahlungsoptionen** wie **Apple Pay** und **PayPay** gewinnen an Bedeutung, haben aber immer genug Bargeld für alltägliche Transaktionen dabei.

Für **steuerfreies Einkaufen** können Touristen in teilnehmenden Geschäften Befreiungen genießen, vor allem in belebten Einkaufsvierteln wie **Shinsaibashi** in Osaka. Um sich zu qualifizieren, müssen Einkäufe 5.000 Yen übersteigen und Sie müssen Ihren Reisepass im Geschäft vorzeigen. Stellen Sie sicher, dass Sie die Quittungen aufbewahren und die Steuerrückerstattungsformulare ausfüllen, wenn Sie in diesen berechtigten Geschäften einkaufen.

Im Wesentlichen ist Japan zwar modern und effizient in Bezug auf Zahlungssysteme, aber **das Mitführen von Bargeld** und die Vorausplanung helfen Ihnen, kostspielige Fehler zu vermeiden und reibungslose Transaktionen während Ihrer Reisen zu gewährleisten.

Gesundheit & Sicherheit

Bevor Sie nach Kyoto und Osaka reisen, ist es wichtig, dass Sie über Routineimpfungen wie Masern, Mumps, Röteln (MMR), Diphtherie, Tetanus und Influenza auf dem Laufenden sind. Obwohl Japan keine speziellen Impfungen für die Einreise verlangt, wenden Sie sich an Ihren Arzt, um eine persönliche Beratung zu erhalten. Eine gute Hygiene, eine ausreichende Flüssigkeitszufuhr und der Schutz vor saisonalen Allergien tragen dazu bei, dass Sie während Ihrer Reise gesund bleiben. Der Abschluss einer Reiseversicherung wird dringend empfohlen, um unerwartete medizinische Kosten, Reisestornierungen oder verlorene Gegenstände abzudecken und Ihnen während Ihrer gesamten Reise Sicherheit zu geben.

Für Notfälle verfügt Japan über ein zuverlässiges und effizientes Gesundheitssystem. Wählen Sie **die 110** für die Polizei und **die 119** für Feuerwehr und Krankenwagen. Für medizinische Notfälle oder Hilfe auf Englisch können Sie sich **unter** 050-3816-2787 **an die Japan Helpline wenden**. Zu den wichtigsten Krankenhäusern gehören das Kyoto City Hospital (www.kch.pref.kyoto.jp) und das Osaka University Hospital (www.hosp.med.osaka-u.ac.jp). Für Gesundheitsberatung, die nicht für Notfälle bestimmt ist, bietet die **Japan National Tourism Organization (JNTO)** Unterstützung bei www.japan.travel/en an. Tragen Sie immer Ihre Versicherungsinformationen und Notfallkontakte bei sich und machen Sie sich bei der Ankunft mit den örtlichen Apotheken und Kliniken vertraut, um eine sichere und sorgenfreie Reise zu gewährleisten.

Ernährungsüberlegungen und Nahrungsmittelallergien

Ich erwähne ernährungsbezogene Überlegungen, weil ich auf einer meiner ersten Reisen nach Japan aufgrund einer Lebensmittelallergie, die ich nicht klar kommuniziert hatte, eine schwierige Erfahrung machte. Ich unterschätzte die Herausforderung, meine Ernährungsbedürfnisse auf Japanisch zu erklären, und endete mit einer Mahlzeit, die Unbehagen auslöste. Es war ausschließlich mein Versehen, aber es hat mich wertvolle Lektionen gelehrt, die ich mit Ihnen teilen möchte, um Ihnen zu helfen, ähnliche Situationen zu vermeiden und Ihre Mahlzeiten sorgenfrei zu genießen.

Reisen in Kyoto und Osaka können für Menschen mit Lebensmittelallergien, Vegetarier, Veganer oder Personen mit religiösen Ernährungseinschränkungen eine Herausforderung darstellen. In der japanischen Küche werden oft Zutaten wie Soja, Fischbrühen (Dashi) und versteckte Allergene verwendet, daher ist eine klare Kommunikation unerlässlich. Das Erlernen einiger Schlüsselsätze auf Japanisch oder das Mitführen einer Übersetzungskarte, auf der Ihre Allergien oder Ernährungsbedürfnisse aufgeführt sind, kann einen großen Unterschied machen. Zuverlässige Apps wie "Taberogu" oder "Google Translate" können dabei helfen, sichere Restaurants und Gerichte zu identifizieren. In Kyoto gibt es eine vegetarische buddhistische Tempelküche, die "Shojin Ryori" genannt wird, und in Osaka bieten viele Restaurants mittlerweile vegane und allergikerfreundliche Ernährung an. Märkte und Spezialitätencafés bieten ebenfalls frische, anpassbare Optionen. Mit ein wenig Vorbereitung und Bewusstsein können Sie Japans reiche Esskultur sicher und köstlich genießen.

Anfahrt und Fortbewegung

Lassen Sie uns nun über den wesentlichen Fahrplan sprechen, um sich in der Kansai-Region mit Leichtigkeit und Zuversicht zurechtzufinden. Reisen nach Kyoto und Osaka sind dank Japans erstklassiger Verkehrsinfrastruktur nahtlos, aber wenn Sie Ihre Optionen im Voraus kennen, können Sie Zeit, Geld und Stress sparen.

Ich führe Sie durch die wichtigsten Flughäfen der Region, darunter Kansai International und Itami, und gebe praktische Tipps zur Ankunft. Sie erfahren, wie Sie Japans effiziente Züge – insbesondere den berühmten Shinkansen – optimal nutzen und lokale Verkehrssysteme wie Busse, U-Bahnen, Taxis und sogar Fahrradverleihe beherrschen. Wir stellen Ihnen die besten Reisepässe und Rabattkarten vor, mit denen Sie Ihr Budget ausschöpfen können, ohne auf Komfort verzichten zu müssen.

Außerdem stelle ich Ihnen Japans berühmte Gepäckweiterleitungsdienste und Flughafentransferoptionen vor, um sicherzustellen, dass Ihre Reise reibungslos beginnt und endet.

Flughäfen und Anreisetipps (Kansai, Itami, etc.)

Kyoto und Osaka werden hauptsächlich von zwei Flughäfen bedient: dem Kansai International Airport (KIX) und dem Itami Airport (ITM). Kansai International, das sich auf einer künstlichen Insel in der Bucht von Osaka befindet, wickelt die meisten internationalen Flüge ab und ist bekannt für sein modernes Design und seine effizienten Dienstleistungen. Der Flughafen Itami, der näher am Zentrum von Osaka liegt, bedient hauptsächlich Inlandsflüge. Bei der Ankunft an einem der beiden Flughäfen sollten Reisende die Zollverfahren sorgfältig befolgen – füllen Sie die Ankunftskarte genau aus, deklarieren Sie bei Bedarf alle Waren und passieren Sie die Einwanderungsbehörde. Die Gepäckausgabe ist in der Regel schnell, aber es ist ratsam, Ihren Gepäckanhänger und Ihre Bordkarte griffbereit zu haben. Beide Flughäfen bieten Wechselstuben und Geldautomaten, aber für bessere Preise sollten Sie in Erwägung ziehen, Bargeld an lokalen Geldautomaten abzuheben, wie sie später auf Ihrer Reise in Lebensmittelgeschäften zu finden sind. SIM-Karten und Pocket-Wi-Fi-Verleih sind an Flughafenkiosken weit verbreitet, sodass Sie vom Moment Ihrer Landung an in Verbindung bleiben können.

Die Navigation in den Einrichtungen des Flughafens ist in der Regel unkompliziert. Kansai International verfügt über eine Vielzahl von Geschäften, Restaurants und Lounges sowie eine klare Beschilderung in mehreren Sprachen, um internationalen Besuchern zu helfen. Wenn Sie spät in der Nacht oder mit schwerem Gepäck anreisen, kann die Nähe von Itami zur Stadt ein praktischer Vorteil sein. Um die Innenstädte zu erreichen, haben Reisende mehrere Möglichkeiten: Flughafenlimousinenbusse bieten direkte Verbindungen zu den Hauptbahnhöfen von Kyoto und Osaka, während Züge wie der JR Haruka Express den Flughafen Kansai effizient mit Kyoto verbinden. Taxis und private Shuttles stehen zur Verfügung, können aber teuer sein. Wenn Sie Ihren Transfer im Voraus planen oder Tickets online kaufen, können Sie Zeit sparen und den Stress bei der Ankunft reduzieren.

Für Erstbesucher ist es hilfreich, ausgeruht und vorbereitet mit allen notwendigen Dokumenten leicht zugänglich anzukommen. Das Mitbringen eines Sprachführers oder einer Übersetzungs-App kann bei Bedarf die Kommunikation mit dem Flughafenpersonal erleichtern. Wenn Sie sich im Voraus über offizielle Websites mit den Flughafenlayouts vertraut machen, kann der Ankunftsprozess ebenfalls reibungsloser gestaltet werden. Mit diesen Tipps wird Ihr Einstieg in Kyoto oder Osaka nahtlos sein und den Ton für eine fantastische Reise angeben.

Überblick über den Transport

Das Verkehrsnetz, das Kyoto und Osaka verbindet, ist bekannt für seine Effizienz, Pünktlichkeit und Bequemlichkeit und macht das Reisen zwischen und innerhalb dieser Städte sowohl für Einheimische als auch für Touristen bemerkenswert einfach. Das Herzstück des Fernverkehrs ist der **Shinkansen**, Japans legendärer Hochgeschwindigkeitszug. Der Shinkansen verbindet Kyoto und Osaka in nur etwa 15 Minuten und bietet eine schnelle und bequeme Möglichkeit, sich zwischen den beiden Städten fortzubewegen. Während der Shinkansen in erster Linie für längere Fahrten genutzt wird, bieten Regionalzüge von Unternehmen wie JR West häufige und kostengünstige Verbindungen, die lokale Nachbarschaften und Vororte verbinden, was Tagesausflüge und Erkundungen mühelos macht.

In den Städten selbst bilden **Busse** und **U-Bahnen** das Rückgrat des täglichen Pendelns und Sightseeings. Sowohl Kyoto als auch Osaka verfügen über ein ausgedehntes U-Bahn-Netz mit deutlich gekennzeichneten Linien und Beschilderungen in englischer Sprache, die für internationale Reisende benutzerfreundlich gestaltet sind. Die U-Bahnen verkehren in der Regel alle paar Minuten vom frühen Morgen bis etwa Mitternacht und decken die wichtigsten Touristenattraktionen, Geschäftsviertel und Wohngebiete ab. Stadtbusse ergänzen die U-Bahn-Routen und erreichen Gebiete, die mit dem Zug weniger erreichbar sind, und bieten eine erschwingliche Reisemöglichkeit. Obwohl die Navigation etwas komplexer ist, bieten Bussysteme die Möglichkeit, die Nachbarschaft von der Straße aus zu sehen.

Für Besucher vereinfacht der Kauf von Prepaid-ÖPNV-Karten wie der **ICOCA-** oder **Suica-Karte das** Reisen und ermöglicht nahtlose Transfers zwischen Zügen, Bussen und U-Bahnen, ohne jedes Mal einzelne Tickets kaufen zu müssen. Insgesamt unterstützt dieses gut integrierte Verkehrssystem vielfältige Reisepläne, egal ob Sie schnell zwischen Kyoto und Osaka pendeln oder in aller Ruhe die vielen Stadtteile erkunden möchten. Seine Zuverlässigkeit und Klarheit machen es ideal für Reisende, die neu in Japan sind, und sorgen dafür, dass Sie mehr Zeit damit verbringen, die Sehenswürdigkeiten zu genießen und sich weniger um die Logistik kümmern zu müssen.

Navigieren in Städten

Öffentliche Verkehrsmittel:

Kyoto und Osaka verfügen über umfangreiche und zuverlässige öffentliche Verkehrsmittel, einschließlich U-Bahnen und Busse. Achten Sie bei der Nutzung öffentlicher Verkehrsmittel auf die lokale Etikette – halten Sie Gespräche leise, vermeiden Sie Essen oder Trinken und geben Sie älteren Menschen, schwangeren Frauen und Menschen mit Behinderungen bevorzugte Sitzplätze. Die Karten des öffentlichen Nahverkehrs werden an den Bahnhöfen übersichtlich ausgehängt und sind oft mit englischen Übersetzungen versehen, was die Navigation erleichtert. Prepaid-Karten wie ICOCA oder Suica vereinfachen das Bezahlen von Fahrpreisen, da Sie ein- und aussteigen können, ohne einzelne Tickets kaufen zu müssen.

Taxis:

Taxis sind leicht verfügbar und bieten Komfort, besonders spät in der Nacht oder wenn Sie mit Gepäck reisen. Sie sind jedoch teurer als öffentliche Verkehrsmittel und haben oft einen Mindestfahrpreis. Während viele Taxifahrer nur begrenzt Englisch sprechen, kann die Anzeige Ihrer Zieladresse auf Japanisch oder die Verwendung einer Übersetzungs-App die Kommunikation erleichtern. Taxi-Apps wie JapanTaxi helfen auch dabei, Fahrten mit weniger Aufwand zu buchen.

Zu Fuß:

Beide Städte sind sehr gut zu Fuß zu erreichen, mit vielen Attraktionen, die sich auf kompakten Flächen konzentrieren. Kyotos historische Viertel wie Gion und Higashiyama lassen sich am besten zu Fuß erkunden, um die traditionelle Atmosphäre in vollen Zügen zu genießen. Osakas Viertel wie Dotonbori bieten ein lebendiges Straßenbild, das sich perfekt zum Bummeln eignet. Bequeme Schuhe sind ein Muss, und bei einem Spaziergang können Sie charmante Gassen und versteckte Schätze entdecken, die von anderen Verkehrsmitteln oft übersehen werden.

Fahrräder:

Fahrradverleih wird immer beliebter, da er eine flexible und umweltfreundliche Art der Erkundung bietet. Das relativ flache Gelände und die speziellen Radwege von Kyoto machen das Radfahren zum Vergnügen, während Osaka verschiedene Verleihstellen und fahrradfreundliche Routen bietet. Viele Verleihe bieten Karten und Sicherheitsausrüstung an, so dass Sie die Stadt in Ihrem eigenen Tempo erkunden können, ohne Menschenmassen zu haben.

Travel Pässe & Ermäßigungen (JR Pass, Osaka Amazing Pass)

Japan bietet mehrere praktische Reisepässe an, mit denen Touristen Zeit und Geld sparen können, während sie Kyoto, Osaka und die umliegende Region erkunden. Der **Japan Rail (JR) Pass** ist ideal für Reisende, die mehrere Städte in Japan besuchen möchten. Er ist für 7, 14 oder 21 Tage erhältlich und deckt die meisten JR-Züge ab, einschließlich des Shinkansen (mit Ausnahme der schnellsten Nozomi- und Mizuho-Züge), was ihn perfekt für nahtloses Reisen zwischen Kyoto, Osaka und darüber hinaus macht. Der JR Pass muss vor der Ankunft in Japan gekauft werden, entweder online oder über autorisierte Reisebüros.

Um Osaka selbst zu erkunden, bietet der **Osaka Amazing Pass** unbegrenzte Nutzung von U-Bahnen, Bussen und Straßenbahnen innerhalb der Stadt sowie freien Eintritt zu über 40 beliebten Attraktionen wie der Burg Osaka und dem Umeda Sky Building. Es gibt sie in 1- und 2-Tages-Optionen, die an großen Bahnhöfen, Touristeninformationszentren und online erhältlich sind.

Reisende, die sich auf Kyoto und Osaka konzentrieren, können kombinierte regionale Pässe wie den **Kansai Thru Pass in Betracht ziehen**, der unbegrenzte Fahrten mit privaten Zügen und Bussen, mit Ausnahme der JR-Linien, für 2 oder 3 Tage ermöglicht. Dieser Pass ist praktisch für Tagesausflüge und flexible Reiserouten.

Um den Wert zu maximieren, planen Sie Ihre Reiseroute rund um den Abdeckungsbereich und die Dauer dieser Pässe. Nutzen Sie zum Beispiel den JR Pass für Intercity-Reisen und ergänzen Sie ihn mit dem Osaka Amazing Pass oder dem Kansai Thru Pass für lokale Besichtigungen. Der Kauf von Pässen im Voraus ist oft mit Rabatten verbunden, also buchen Sie frühzeitig, um zu sparen.

Gepäcktransport und Flughafentransfers

In Japan sind **Gepäckweiterleitungsdienste**, bekannt als *Takuhaibin* oder *Takkyubin,* ein entscheidender Faktor für Reisende, die Bequemlichkeit und Komfort suchen. Mit diesen Diensten können Sie Ihr Gepäck von Flughäfen zu Hotels, Bahnhöfen oder anderen Unterkünften schicken, damit Sie freihändig auf Entdeckungsreise gehen können. Um *Takuhaibin zu verwenden,* besuchen Sie einfach einen Serviceschalter, der häufig an Flughäfen, Hotels und Lebensmittelgeschäften zu finden ist, füllen Sie ein Formular mit Ihren Zieldaten aus und zahlen Sie eine Gebühr, die je nach Entfernung und Größe in der Regel zwischen 1.500 und 3.500 Yen pro Artikel liegt. Ihr Gepäck kommt in der Regel am nächsten Tag an, sodass Sie mit leichtem Gepäck reisen müssen, ohne sich Gedanken über sperrige Taschen in überfüllten Zügen oder Bussen machen zu müssen.

Für Flughafentransfers haben Reisende mehrere Möglichkeiten:

- **Flughafen-Limousinenbusse:** Bieten Sie einen direkten, komfortablen Service zwischen Flughäfen und den wichtigsten Drehkreuzen in Kyoto und Osaka. Sie sind praktisch für Personen mit schwerem Gepäck, können aber während der Hauptverkehrszeiten langsamer sein. Buchen Sie Tickets an den Schaltern am Flughafen oder online.

- **Züge:** Der JR Haruka Express verbindet den internationalen Flughafen Kansai in etwa 75 Minuten mit Kyoto, und verschiedene Linien bedienen das Stadtzentrum von Osaka effizient. Die Züge sind schnell und zuverlässig, können aber mit viel Gepäck eine Herausforderung darstellen.
- **Taxis:** Bieten Tür-zu-Tür-Service und Komfort, sind aber im Vergleich zu öffentlichen Verkehrsmitteln teuer. Nutzen Sie Taxis für späte Ankünfte oder wenn Sie in Gruppen reisen. Die meisten Fahrer sprechen nur begrenzt Englisch, daher ist es hilfreich, Ihr Ziel auf Japanisch zu schreiben.
- **Privater Shuttleservice:** Im Voraus gebuchte Shuttles bieten einen personalisierten Transport und können besondere Bedürfnisse erfüllen, sind aber teurer. Websites wie Japan Airport Limousine bieten Buchungsoptionen.

Die Nutzung der *Takuhaibin-Dienstleistungen und die Wahl des richtigen Flughafentransfers können Ihre An- und Abreise nahtlos, stressfrei und komfortabel gestalten.*

Digitale Konnektivität & Sprache

Was wir hier behandeln werden, hilft Ihnen, in Verbindung zu bleiben und leicht zu kommunizieren, während Sie Kyoto und Osaka erkunden. In diesem Kapitel erfahren Sie, wie Sie zwischen SIM-Karten und Pocket-WLAN wählen, um während Ihrer gesamten Reise einen zuverlässigen Internetzugang zu gewährleisten. Außerdem finden Sie Empfehlungen für wichtige Reise-Apps, um die Navigation, das Essen und vieles mehr zu vereinfachen.

In Bezug auf die Sprache bieten wir wichtige japanische Sätze und Tipps, die Ihnen helfen, respektvoll mit Einheimischen umzugehen, sowie Übersetzungstools und Offline-Ressourcen, um Sprachbarrieren zu überwinden. Egal, ob Sie technisch versiert oder neu in Japan sind, dieses Kapitel stattet Sie mit den digitalen und sprachlichen Tools aus, die Sie für eine reibungslose und angenehme Reise benötigen.

SIM-Karten, Wi-Fi-Optionen und wichtige Apps

Während meiner Reisen nach Kyoto und Osaka in Verbindung zu bleiben, war ein Wendepunkt, auch wenn es nicht ohne ein paar Lernkurven ging. Bei meinem ersten Besuch entschied ich mich am Flughafen für eine Prepaid-SIM-Karte, die gut für Daten funktionierte, aber manchmal Probleme mit Anrufen hatte. Die Bequemlichkeit, lokales Internet auf meinem Handy zu haben, bedeutete, dass ich problemlos durch unbekannte Straßen navigieren, Zugfahrpläne überprüfen und Restaurants ohne Stress finden konnte. Später habe ich versucht, ein Wi-Fi-Gerät in der Tasche zu mieten, was perfekt war, wenn man mit Freunden oder der Familie reiste, da mehrere Geräte gleichzeitig verbunden werden konnten. Allerdings war das Herumtragen des Gerätes etwas umständlich, vor allem an langen Wandertagen.

Beide Städte bieten kostenloses öffentliches WLAN an wichtigen Orten wie Flughäfen, Bahnhöfen und einigen Cafés an, aber sich ausschließlich darauf zu verlassen, kann aufgrund von Versorgungslücken und Sicherheitsbedenken einschränkend sein. Eine zuverlässige SIM- oder Pocket-Wi-Fi ist also eine kluge Wahl.

Was die Apps betrifft, so wurden einige schnell zu meinen Reiseutensilien:

- **Google Maps** für Echtzeit-Navigation und Transitrouten
- **Hyperdia** oder **Japan Transit Planner**, um Zugreisen präzise zu planen
- **Google Übersetzer** für schnelle Phrasenübersetzungen
- **Tabelog** , um gut bewertete lokale Restaurants zu entdecken
- **GuruNavi** für zusätzliche Speisemöglichkeiten und Menüs

Diese Tools haben mir geholfen, mich während meiner gesamten Reise sicher und verbunden zu fühlen. Mein Tipp? Wählen Sie die Konnektivitätsoption, die am besten zu Ihrem Reisestil passt – Alleinreisende bevorzugen möglicherweise SIM-Karten, während Gruppen möglicherweise Pocket-WLAN bequemer finden. Und vergessen Sie nicht, wichtige Apps herunterzuladen, bevor Sie ankommen, um sofort loszulegen!

Grundlegende japanische Sätze und Kommunikationstipps

Wenn Sie in Kyoto und Osaka unterwegs sind, kann das Erlernen einiger grundlegender japanischer Sätze einen großen Unterschied machen – sowohl bei der Bewältigung alltäglicher Situationen als auch beim Respekt vor Einheimischen. Hier sind einige wichtige Sätze, die Sie griffbereit haben sollten:

- **Grüße:**
  - *Konnichiwa* (Hallo / Guten Tag)
  - *Ohayō gozaimasu* (Guten Morgen)
  - *Arigatō gozaimasu* (Vielen Dank)
  - *Sumimasen* (Entschuldigung / Entschuldigung / Danke – häufig verwendet)
- **Anfahrt & Transport:**
  - *[Place] wa doko desu ka?* (Wo ist [Ort]?)
  - *Kono densha wa [destination] e ikimasu ka?* (Fährt dieser Zug nach [Ziel]?)
  - *Ikura desu ka?* (Wie viel kostet es?)
- **Abendessen:**
  - *Menu o misete kudasai* (Bitte zeig mir die Speisekarte)
  - *Kore wa nan desu ka?* (Was ist das?)
  - *Tabemasu* (Ich werde essen) / *Tabemasen* (Ich werde nicht essen)
- **Einkaufen & Höflichkeit:**
  - *Kore o kudasai* (Ich nehme das)
  - *Mō ichido onegaishimasu* (Bitte sag das noch einmal)
- **Notfälle:**

- *Tasukete kudasai* (Bitte hilf mir)
- *Byōin wa doko desu ka?* (Wo befindet sich das Krankenhaus?)

Tipps zur Aussprache: Japanische Silben sind in der Regel kurz und knackig. Versuchen Sie, Silben nicht zu betonen, wie Sie es im Englischen tun würden. Höflichkeit ist das A und O – fügen Sie immer *die Endungen "-masu"* oder *"-desu" hinzu* , wenn Sie formell sprechen, und verwenden Sie einen sanften Tonfall.

Während viele Japaner grundlegendes Englisch verstehen, zeigt die Verwendung dieser Sätze Wertschätzung und lädt oft zu wärmeren Interaktionen ein. Üben Sie vor Ihrer Reise ein paar Mal – es ist eine kleine Anstrengung, die Ihr Erlebnis sehr bereichert.

Übersetzungstools und Offline-Ressourcen

Das Überwinden von Sprachbarrieren in Japan kann eine Herausforderung sein, aber glücklicherweise erleichtern mehrere zuverlässige Übersetzungstools und Offline-Ressourcen die Kommunikation erheblich. Zu den beliebtesten Apps gehört **Google Übersetzer**, das einen Offline-Modus bietet, mit dem Sie vor Ihrer Reise japanische Sprachpakete herunterladen können. Diese Funktion ist von unschätzbarem Wert, wenn der Internetzugang eingeschränkt oder nicht verfügbar ist. Eine weitere hervorragende Option ist **Microsoft Translator**, der für seinen Konversationsmodus gelobt wird, der die bidirektionale Kommunikation erleichtert und auch die Offline-Nutzung unterstützt.

Für Reisende, die auf der Suche nach dedizierten Geräten sind, **sind Pocketalk** und **ili** Handheld-Übersetzer, die speziell für Reisen entwickelt wurden und schnelle, genaue Übersetzungen bieten, ohne dass WLAN erforderlich ist. Diese Gadgets sind besonders praktisch auf belebten Märkten oder beim Besuch weniger touristischer Gegenden, in denen Englisch knapp sein kann.

Wenn Sie traditionelle Ressourcen bevorzugen, kann es beruhigend sein, einen kleinen Sprachführer mit sich zu führen . Bücher wie "Japanese Phrasebook & Dictionary" von Lonely Planet sind kompakt und bieten essentielle Ausdrücke, die nach Situationen kategorisiert sind. Darüber hinaus können Sie mit vielen Smartphone-Apps umfassende Sprachpakete herunterladen, die offline funktionieren, was ideal für Notfälle oder bei der Erkundung ländlicher Gebiete ist.

Um diese Tools effektiv zu nutzen, laden Sie die erforderlichen Sprachpakete und Apps rechtzeitig vor der Abreise herunter. Machen Sie sich mit grundlegenden Funktionen wie Spracheingabe, Kameraübersetzung für Menüs und Schilder sowie Konversationsmodi vertraut. Haben Sie immer ein Backup dabei – die Kombination von digitalen Tools mit gedruckten Sprachführern kann ein Lebensretter sein. Mit diesen Ressourcen werden Sie sich sicherer fühlen, wenn Sie mit Einheimischen in Kontakt treten und sich im täglichen Umgang mit Kyoto und Osaka zurechtfinden.

Kyoto — Kultur und Tradition

Die besten Sehenswürdigkeiten und Stadtviertel in Kyoto

Kinkaku-ji (Goldener Pavillon)

Kinkaku-ji, oder der Goldene Pavillon, ist eines der berühmtesten Wahrzeichen Kyotos. Der Tempel ist mit Blattgold bedeckt und spiegelt die schimmernde Schönheit seiner Umgebung wider, insbesondere den ruhigen Teich, in dem sich die Struktur spiegelt. Der Pavillon, der ursprünglich als Villa für den Shogun Ashikaga Yoshimitsu erbaut wurde, ist von sorgfältig gepflegten Gärten umgeben. Ein Besuch am frühen Morgen oder am späten

Nachmittag bietet weniger Menschenmassen und das atemberaubendste Licht. Um dorthin zu gelangen, nehmen Sie den Kyoto City Bus #101 oder #205 oder steigen Sie in die Kyoto Tram, um die nahe gelegene Haltestelle Kinkaku-ji-michi zu erreichen.

Fushimi Inari TaishaDie Reise durch die Tausenden von zinnoberroten Torii-Toren von Fushimi Inari ist ein spirituelles Erlebnis und eine der berühmtesten Sehenswürdigkeiten Kyotos. Dieser Schrein, der dem Shinto-Gott des Reis gewidmet ist, schlängelt sich den Berg Inari hinauf und bietet einen wunderschönen Blick auf die Stadt. Die Wanderung kann je nach Tempo zwischen 1 und 2 Stunden dauern, wobei der obere Schrein einen ruhigen, weniger überfüllten Rückzugsort bietet. Für einen kürzeren Besuch erkunden Sie die ersten Tore, die atemberaubend fotogen sind. Er ist über die JR-Nara-Linie zum Bahnhof Fushimi Inari erreichbar.

Arashiyama

Arashiyama ist ein ruhiges Viertel, das für seine Bambushaine und den Iwatayama Monkey Park bekannt ist. Durch die hoch aufragenden Bambusstängel zu spazieren, ist ein surreales Erlebnis, besonders in der Morgendämmerung oder bei Sonnenuntergang, wenn das Licht durch die Blätter dringt. Der Park auf dem Gipfel des Berges Iwatayama bietet einen Panoramablick auf Kyoto. Um dorthin zu gelangen, nehmen Sie die JR-Sagano-Linie bis zum Bahnhof Saga-Arashiyama. Es ist perfekt für einen halbtägigen Ausflug, bei dem Sie die Natur mit einzigartigen Sehenswürdigkeiten verbinden.

GionDas historische Herz von Kyoto, Gion, ist das berühmte Geisha-Viertel, in dem Sie durch charmante Straßen schlendern können, die von traditionellen hölzernen Machiya-Häusern gesäumt sind . Während du durch Gion schlenderst, kannst du einen Blick auf Geishas oder Maiko erhaschen, die auf dem Weg zu Verlobungen sind. Für ein wirklich stimmungsvolles Erlebnis besuchen Sie das Viertel am Abend, wenn Laternen das Viertel erleuchten. Sie erreichen Gion, indem Sie den Bus oder die Keihan-Linie bis zum Bahnhof Gion-Shijo nehmen.

Higashiyama

Higashiyama ist eine malerische Gegend, die reich an traditionellem Kyoto-Charme ist. Bei einem Spaziergang durch die engen Gassen und Gassen finden Sie wunderschön erhaltene Holzhäuser, Tempel und traditionelle Geschäfte. Der berühmte Kiyomizu-dera-Tempel befindet sich auf dem Hügel und bietet einen unglaublichen Blick auf die Stadt. Die Erkundung von Higashiyama ist ein Schritt zurück in die Vergangenheit, und es ist am besten, zu Fuß zu gehen, um vollständig in seine Schönheit einzutauchen. Er ist von der Kiyomizu-Gojo Station der Keihan-Linie aus erreichbar.

Jedes dieser Wahrzeichen und Viertel bietet einen einzigartigen Einblick in die Seele Kyotos, von der spirituellen Schönheit des Kinkaku-ji bis zu den belebten Straßen von Gion. Planen Sie Ihre Besuche an diesen Orten früh am Tag, um die geschäftigsten Zeiten zu vermeiden und die ruhige, historische Atmosphäre, die sie bieten, voll auszunutzen.

Kulturelle Erlebnisse in Kyoto

Kyoto ist eine Fundgrube an kulturellen Erlebnissen, die es Reisenden ermöglichen, in das Herz der reichen Traditionen Japans einzutauchen. Egal, ob Sie in einem jahrhundertealten Garten Tee trinken, einen Kimono tragen, während Sie durch historische Viertel schlendern, oder die zarte Kunst der Kalligrafie erlernen, diese immersiven Aktivitäten vertiefen Ihre Verbindung zur Kultur und hinterlassen bleibende Erinnerungen.

Traditionelle japanische TeezeremonieDie japanische Teezeremonie oder *Chanoyu* ist ein kompliziertes Ritual, das seit Jahrhunderten praktiziert wird. Es ist mehr als nur Tee trinken; Es geht um Achtsamkeit, Respekt und die Wertschätzung der Natur und Einfachheit. Die Zeremonie beinhaltet die sorgfältige Zubereitung und das Servieren von pulverisiertem grünem Tee (Matcha), oft in ruhigen Umgebungen wie traditionellen Teehäusern oder Gärten. Die Teilnahme an einer Teezeremonie ermöglicht es Ihnen, die japanischen Werte der Gastfreundschaft und Harmonie zu verstehen. **Die Kamelien-Teezeremonie** im Stadtteil Higashiyama bietet intime, personalisierte Erlebnisse, bei denen Reisende die Kunst und Etikette dieses alten Rituals erlernen können.

Kimono-VerleihDas Tragen eines Kimonos in Kyoto ist eine wunderbare Möglichkeit, die japanische Kultur aus erster Hand zu erleben. Der Kimono mit seinen lebendigen Stoffen und eleganten Designs ist mehr als nur Kleidung – er ist ein Spiegelbild der Geschichte und Kunst des Landes. In Verleihgeschäften in ganz Kyoto, wie **Yumeyakata** und **Kyoto Kimono Rental Wargo**, können Sie aus einer Vielzahl von Kimonos wählen, von lässigen

Yukatas bis hin zu formelleren Kleidungsstücken. Nachdem Sie sich von professionellem Personal angezogen haben, sind Sie bereit, durch die historischen Straßen von Kyoto zu spazieren, wie den malerischen Gion oder den ruhigen Arashiyama-Bambushain, und sich wie ein Teil von Japans lebendiger Tradition zu fühlen. Denken Sie daran, sich anmutig zu bewegen, da der Kimono langsamere, bewusstere Bewegungen erfordert.

Kalligraphie-WorkshopsKalligrafie oder *Shodo* ist eine weitere Möglichkeit, sich mit dem künstlerischen Erbe Japans zu verbinden. Diese ausdrucksstarke Kunstform verwendet Pinsel und Tinte, um wunderschöne Charaktere zu schaffen, wobei der Schwerpunkt auf Präzision und Fluidität liegt. Die Teilnahme an einem Kalligrafie-Workshop ist eine bereichernde Erfahrung für jeden, der sich für japanische Ästhetik interessiert. **Shodo Art Kyoto** bietet Workshops an, in denen Reisende die Techniken hinter dieser meditativen Kunstform erlernen und ihre eigenen Meisterwerke schaffen können. Auch wenn Sie sich selbst nicht als künstlerisch betrachten, bietet der Fokus auf Geduld und Achtsamkeit während dieser Sitzungen eine tiefere Wertschätzung für die japanische Kultur.

Diese kulturellen Erfahrungen bieten nicht nur eine praktische Verbindung zu Japans zeitlosen Traditionen, sondern geben auch Einblick in die spirituellen und künstlerischen Werte, die das Land seit Jahrhunderten prägen. Die Teilnahme an diesen Aktivitäten bereichert Ihr Reiseerlebnis und hilft Ihnen, Kyoto nicht nur mit Ihren Augen, sondern auch durch seine tiefe kulturelle Linse zu sehen.

Essen wie ein Einheimischer

Die kulinarische Szene von Kyoto ist ein Fest für die Sinne und bietet eine Mischung aus Raffinesse und Tradition. An der Spitze der Gastronomie von Kyoto steht **Kaiseki**, eine mehrgängige Haute Cuisine, die auf saisonale Zutaten, delikate Aromen und eine schöne Präsentation setzt. Ein traditionelles Kaiseki-Essen ist ein Kunstwerk, bei dem jedes Gericht im Einklang mit den Jahreszeiten serviert wird. Um Kaiseki authentisch zu erleben, besuchen Sie Gion **Karyo** oder **Hyotei**, zwei renommierte Restaurants, in denen die Gerichte mit Präzision und tiefem Respekt vor dem kulturellen Erbe von Kyoto zubereitet werden. Essen in diesen Lokalen ist mehr als nur Essen; es ist ein Eintauchen in die Kunst der japanischen Gastfreundschaft.

Für ein ungezwungeneres kulinarisches Erlebnis bietet Kyoto eine Vielzahl von **Streetfood-Köstlichkeiten. Yuba** (Tofuhaut), eine lokale Spezialität, wird oft in kleinen Portionen serviert oder in Suppen und Reisgerichte eingearbeitet. Probieren Sie es frisch auf lokalen Märkten wie **dem Nishiki-Markt**, wo Verkäufer es in einer Vielzahl von Formen anbieten. **Matcha-Süßigkeiten** sind ein weiterer Favorit in Kyoto – authentische Desserts mit Matcha-Geschmack wie Eiscreme, Kuchen und Gebäck sind in Geschäften in der ganzen Stadt zu finden, insbesondere in **Uji**, der Matcha-Hauptstadt. Verpassen Sie nicht **Yakitori**, Hähnchen am Spieß und gegrillt, das für eine schnelle und schmackhafte Mahlzeit beliebt ist.

Um die besten versteckten Schätze zu finden, schlendern Sie durch enge Gassen in Gegenden wie **Pontocho** oder **Kiyamachi,** wo gemütliche, familiengeführte Restaurants traditionelle Gerichte servieren, die von Einheimischen bevorzugt werden. Halten Sie die Augen offen und lassen Sie sich vom Duft von gegrilltem Yakitori oder köchelnden Suppen leiten.

Einkaufen von traditionellem Kunsthandwerk und Souvenirs

Kyotos handwerkliche Traditionen sind tief in seiner Geschichte verwurzelt und machen es zu einem der besten Orte in Japan, um einzigartige, handgefertigte Schätze zu finden, die die Kultur und Ästhetik der Stadt widerspiegeln. **Handbemalte Fächer** (Uchiwa oder Sensu) sind ein beliebtes Souvenir und zeigen komplizierte Designs, die von der Natur, dem Wechsel der Jahreszeiten und traditionellen Motiven inspiriert sind. Diese zarten, faltbaren Fächer sind oft mit wunderschönen Blumenmustern oder Szenen aus den Landschaften Kyotos bemalt, was sie zu einem perfekten Andenken oder Dekorationsstück macht. Ein weiteres Muss ist **die Kyoto-Keramik**, insbesondere **Kiyomizu-yaki**, die für ihre reichen Glasuren und raffinierten Formen bekannt ist. Diese wunderschön gefertigten Keramiken, die von Vasen bis hin zu Teetassen reichen, bieten eine zeitlose Verbindung zu Kyotos künstlerischem Erbe.

Für diejenigen, die sich für traditionelle Textilien interessieren, **sind Kyo-yuzen-gefärbte** Stoffe und **Furoshiki** (dekorative Wickeltücher) sehr zu empfehlen. Diese wunderschön gemusterten Tücher können für eine Vielzahl von Zwecken verwendet werden, vom Verpacken von Geschenken bis hin zur Herstellung von Schals oder Wohndekoration. **Teeservices**, oft aus lokalem Porzellan oder lackiertem Holz, sind eine weitere ausgezeichnete Wahl. Diese Sets spiegeln die langjährige Teekultur von Kyoto wider, mit Designs, die von der Zen-Philosophie und der Natur inspiriert sind.

Um diese Schätze zu finden, begeben Sie sich zum **Nishiki-Markt**, der auch als "Kyotos Küche" bekannt ist, wo Sie Dutzende von lokalen Geschäften erkunden können, in denen alles von handgefertigten Töpferwaren bis hin zu Süßigkeiten und Tee verkauft wird. In den engen Gassen von **Gion** und **Higashiyama** gibt es auch zahlreiche Kunsthandwerksboutiquen, die hochwertige Waren anbieten. Jedes Stück Handwerkskunst spiegelt nicht nur die historischen Wurzeln Kyotos wider, sondern trägt auch ein Stück seiner ruhigen, ästhetischen Schönheit in sich.

Saisonale Feste und Veranstaltungen

Kyoto ist bekannt für seine saisonalen Feste, die das reiche kulturelle Erbe der Stadt feiern und den Besuchern einen einzigartigen Einblick in die Traditionen Japans bieten. Zu den bekanntesten gehören **Gion Matsuri**, **Aoi Matsuri** und **Jidai Matsuri**, die alle ein unverwechselbares Erlebnis bieten.

Das Gion Matsuri, das jedes Jahr im Juli stattfindet, ist eines der größten und berühmtesten Feste in Japan. Ihre Ursprünge gehen auf das 9. Jahrhundert zurück und dienten als Ritual zur Abwehr von Krankheiten und Katastrophen. Das Herzstück des Festivals ist die **Yamaboko Junko-Prozession** mit riesigen, aufwendig geschmückten Wagen, die durch die Straßen im Zentrum von Kyoto gezogen werden. Die Atmosphäre ist elektrisierend, mit Menschen in traditioneller Kleidung und den Straßen, die von Essensständen gesäumt sind. **Zu den besten Aussichtspunkten** gehören die Gegend um die **Shijo Avenue** und den **Yasaka-Schrein**. Da dieses Festival große Menschenmengen anzieht, sollten Sie früh kommen, um sich einen guten Platz zu sichern und die geschäftigsten Zeiten am Nachmittag zu vermeiden.

Aoi Matsuri, das im Mai stattfindet, ist ein gedämpfteres, aber ebenso fesselndes Fest, das auf die Heian-Zeit (794-1185) zurückgeht. Bei der **Aoi Matsuri-Prozession**, die für ihre Eleganz bekannt ist, tragen die Teilnehmer historische Kostüme und tragen heilige Gegenstände aus **Kamo-Schreinen**. Die Prozession schlängelt sich durch die Straßen von Kyoto, mit Pferden und elegant gekleideten Teilnehmern. Dieses Festival ist perfekt für diejenigen, die ein ruhiges und kulturell reiches Erlebnis suchen. Die besten Orte, um die Prozession zu beobachten, sind entlang der **Imadegawa-Straße** und des **Kamo-Flusses**. Eine frühe Ankunft garantiert einen guten Blick auf dieses anmutige Ereignis.

Jidai Matsuri, das im Oktober stattfindet, ist eine lebendige Feier der Geschichte Kyotos mit einer großen Prozession, die über 1.000 Jahre Japans Vergangenheit umspannt. Die Teilnehmer tragen historische Kostüme, die verschiedene Epochen repräsentieren, von Samurai-Kriegern bis hin zu Kurtisanen, und präsentieren Japans historische Epochen in einer farbenfrohen Darstellung. Die Prozession beginnt am **Kaiserpalast von Kyoto** und endet am **Heian-Schrein**, wo die Besucher die lebendige Atmosphäre und die reiche Geschichte genießen können. **Zu den** besten Aussichtspunkten **gehören die Sanjō-Straße** und **der Heian-Schrein**, wo sich die Parade ihren Weg durch Kyoto bahnt. Achten

Sie darauf, bequeme Schuhe zu tragen, da die Parade mehrere Stunden dauert.

Bei all diesen Festen ist es wichtig, kulturelle Etikette zu praktizieren. Seien Sie respektvoll gegenüber den lokalen Traditionen, vermeiden Sie es, Wege zu blockieren, und achten Sie auf die Menschenmassen. Bringen Sie außerdem viel Wasser und Sonnencreme mit, besonders in der Sommerhitze, und versuchen Sie, ein paar höfliche Sätze auf Japanisch zu lernen, um mit Einheimischen in Kontakt zu treten. Diese Festivals sind eine unglaubliche Möglichkeit, das Herz der Kultur und Geschichte Kyotos zu erleben.

Osaka — Urbane Vibes und kulinarische Genüsse

Die wichtigsten Sehenswürdigkeiten in Osaka

Burg von OsakaDie Burg von Osaka im Herzen der Stadt ist nicht nur ein ikonisches Wahrzeichen, sondern auch ein Symbol für Japans historische Widerstandsfähigkeit. Ursprünglich im 16. Jahrhundert von Toyotomi Hideyoshi erbaut, spielte die Burg eine entscheidende Rolle bei der Vereinigung Japans. Heute dient es als Museum, in dem Besucher Exponate über die Geschichte der Burg, die Samurai-Kultur und die Vereinigung Japans erkunden können. Der **Schlosspark** bietet einen ruhigen Rückzugsort, vor allem während der **Kirschblütenzeit,** wenn der Park rund um das Schloss in Rosa getaucht ist. Die beste Zeit für einen Besuch ist der frühe Morgen, um Menschenansammlungen zu vermeiden. Sie können es erreichen, indem Sie die **JR-Schleifenlinie** bis zum **Bahnhof Osaka-jo-koen nehmen**. Tickets für den Hauptturm kosten etwa 600 Yen.

DotonboriDotonbori, bekannt als Osakas Unterhaltungszentrum, ist ein neonbeleuchtetes Paradies mit Street Food, Shopping und Unterhaltung. Berühmt für sein **Glico Running Man-Schild**, ist dieses Viertel eine Reizüberflutung mit hellen Lichtern, riesigen Werbetafeln und endlosen Speisemöglichkeiten. Schlendern Sie entlang des **Dotonbori-Kanals**, gönnen Sie sich lokale Köstlichkeiten wie **Takoyaki** (Oktopusbällchen) und **Okonomiyaki** (herzhafte Pfannkuchen) und verpassen Sie nicht die Gelegenheit, ein Foto mit dem ikonischen **Kani Doraku-Krabbenschild zu machen** . Besonders lebendig ist das Viertel nachts, wenn die Lichter wirklich zum Leben erwachen. Es ist ein Muss für alle, die den Puls von Osaka spüren möchten.

Umeda Sky BuildingFür einen atemberaubenden Blick auf Osaka besuchen Sie das Umeda Sky Building, wo Sie das **Floating Garden Observatory erleben können**. Diese verglaste Aussichtsplattform befindet sich auf der 40. Etage und bietet einen 360-Grad-Panoramablick auf die Stadt und darüber hinaus. Besonders atemberaubend ist es bei Sonnenuntergang oder abends, wenn die Stadt unter Ihnen funkelt. Die Tickets kosten etwa 1.500 Yen und es befindet sich in der Nähe des **Bahnhofs Umeda**, der mit der U-Bahn erreichbar ist. Vergessen Sie nicht, mit dem Aufzug auf die Dachterrasse zu fahren, um einen unvergesslichen Blick auf das Stadtbild zu genießen.

Universal Studios JapanDie Universal Studios Japan sorgen für ein erstklassiges Freizeitpark-Erlebnis und bieten Nervenkitzel ohne Ende. Von der adrenalingeladenen **Zauberwelt von Harry Potter** bis hin zu den Hochgeschwindigkeitsattraktionen von **Jurassic Park** und **Spider-Man** ist dieser Park vollgepackt mit Attraktionen für alle Altersgruppen. Die beste Zeit für einen Besuch ist an Wochentagen außerhalb der japanischen Feiertage, um lange Warteschlangen zu vermeiden. Kaufen Sie Tickets im Voraus online, um Zeit und Geld zu sparen. Es befindet sich in der **Osaka Bay Area** und ist über die **JR Yumesaki Line** zur **Universal City Station erreichbar**.

Selbst wenn Sie in die reiche Geschichte der **Burg von Osaka** eintauchen, die elektrische Energie von **Dotonbori** erleben, den Panoramablick vom **Umeda Sky Building genießen** oder den Nervenkitzel in den **Universal Studios Japan suchen**, bietet jeder dieser Orte eine einzigartige Möglichkeit, den dynamischen Geist von Osaka zu erleben.

Food-Szene

Osaka ist bekannt für seine Streetfood-Kultur, bei der jeder Bissen ein einzigartiges Erlebnis bietet. **Takoyaki**, der berühmteste Snack der Stadt, besteht aus herzhaften Teigbällchen, die mit zartem Oktopus, Tempura-Resten und eingelegtem Ingwer gefüllt sind. Sie werden auf einer speziellen Grillplatte zubereitet und mit Takoyaki-Sauce, Bonito-Flocken und Algen belegt. Die besten Takoyaki gibt es in **Dotonbori**, wo an Ständen wie **Aizuya** frische, kochend heiße Bällchen serviert werden.

Ein weiterer Favorit in Osaka ist **Okonomiyaki**, ein herzhafter Pfannkuchen aus Mehl, Eiern, Kohl und Fleisch oder Meeresfrüchten Ihrer Wahl. Es wird auf einer Grillplatte gekocht und mit Okonomiyaki-Sauce, Bonito-Flocken und Algen belegt. Für ein authentisches Erlebnis probieren Sie **Mizuno** in Dotonbori, wo Sie den Köchen bei der Zubereitung direkt vor Ihren Augen zusehen können.

Kushikatsu, Fleisch oder Gemüse am Spieß und frittiert, wird am besten in einem **Izakaya**, einem zwanglosen japanischen Pub, genossen. Spieße werden paniert, knusprig gebraten und mit einer würzigen Dip-Sauce serviert. Die Gegend von **Shinsekai** ist bekannt für ihr Kushikatsu, wobei **Daruma** ein beliebter Ort ist.

Izakayas sind das Herz der Esskultur von Osaka und bieten kleine Teller mit Speisen wie gegrilltem Fleisch und frischem Sashimi, das normalerweise mit einem kalten Bier genossen wird. Besuchen Sie **den Umeda**- oder **Tuskiji-Markt** für ein authentisches Izakaya-Erlebnis, bei dem Sie zwischen den Orten hin- und herspringen und eine Vielzahl von Speisen und Getränken genießen können.

Nachtleben & Unterhaltung in Osaka

Das Nachtleben von Osaka ist so lebendig und vielfältig wie die Stadt selbst und bietet für jeden Nachtschwärmer etwas. Von lebhaften **Bars** und **Karaoke-Spots** bis hin zu **Theateraufführungen** und **Comedy-Clubs** ist die Szene der Stadt nach Einbruch der Dunkelheit ein Abenteuer für sich.

Dotonbori ist das Epizentrum des Nachtlebens von Osaka, wo Neonlichter vom Kanal reflektiert werden und die Straßen vor Energie strotzen. Hier finden Sie eine große Auswahl an Bars, von gehobenen Cocktail-Lounges bis hin zu zwanglosen Bierlokalen, die sich perfekt zum Ausgehen eignen. Besuchen Sie für ein unterhaltsames, interaktives Erlebnis einen der vielen **Karaoke-Spots in Osaka** , wo Sie mit Freunden in privaten Räumen die Seele aus dem Leib singen können. **Big Echo** und **Karaoke-kan** sind bekannte Ketten mit Standorten in der ganzen Stadt.

Für diejenigen, die etwas anderes suchen, bieten **Namba** und **Shinsaibashi** Comedy-Clubs und Theater mit lokalen Aufführungen. **Das Namba Grand Kagetsu** ist die Heimat berühmter Stand-up-Comedy-Shows und traditioneller japanischer Comedy wie **Rakugo**. Wenn Sie es etwas raffinierter mögen, bietet **Umeda** stilvolle Jazzbars und Live-Musik-Veranstaltungsorte, die von sanften Melodien bis hin zu energiegeladenen Darbietungen alles bieten.

Wenn Sie das Nachtleben von Osaka genießen, ist es wichtig, auf die lokalen Bräuche zu achten. **Trinkgeld** ist nicht üblich, und **Alkoholkonsum** an öffentlichen Orten wie Straßen und Parks ist weithin akzeptiert, aber seien Sie immer respektvoll gegenüber anderen. Achten Sie auf Ihre Umgebung, bewahren Sie Ihre Sachen sicher auf und denken Sie daran, dass das japanische Nachtleben in der Regel zwischen **Mitternacht** und 2 Uhr morgens abklingt, wobei einige Veranstaltungsorte an Wochentagen früher schließen.

Familienfreundliche Attraktionen in Osaka

Osaka ist ein fantastisches Reiseziel für Familien mit Kindern und bietet eine Vielzahl von Attraktionen, die sowohl Spaß machen als auch lehrreich sind. Einer der beliebtesten Orte ist das **Osaka Aquarium Kaiyukan**, eines der größten und spektakulärsten Aquarien der Welt. Es bietet eine große Vielfalt an Meereslebewesen, darunter Delfine, Pinguine und den berühmten Walhai. Kinder werden die interaktiven Exponate und die Möglichkeit, Meeresbewohner aus nächster Nähe zu erleben, lieben. Das Aquarium befindet sich in der **Osaka Bay Area** und ist mit der U-Bahn leicht zu erreichen.

Eine weitere großartige Familienattraktion ist **das Kids Plaza Osaka**, ein interaktives Kindermuseum, das praktische Exponate bietet, die Kreativität und Lernen anregen sollen. Das Museum bietet alles, von wissenschaftlichen Experimenten über Kunstworkshops bis hin zu Rollenspielen, was es zu einem idealen Ziel für jüngere Kinder macht. Es liegt in der Nähe von **Umeda** und ist perfekt für einen Tag voller Indoor-Spaß.

Wenn Sie noch mehr Spaß im Freien haben, ist der **Osaka Castle Park** ein fantastischer Ort für Familien. Das weitläufige Gelände bietet viel Platz für Picknicks, Spielplätze und die Erkundung des Grabens, der die berühmte Burg von Osaka umgibt. **Der Tennoji Park** ist ein weiterer familienfreundlicher Bereich mit Spielplätzen und Freiflächen, die zum Genießen einladen.

Wenn es um das Essen geht, gibt es in Osaka viele **familienfreundliche Restaurants** mit kinderfreundlichen Menüs und ungezwungener Atmosphäre. **Ganko Sushi** und **Kura Sushi** bieten Fließband-Sushi an, bei dem sich die Kinder ihre eigenen Gerichte aussuchen können, während **Dotonbori** voller zwangloser Restaurants ist, in denen die ganze Familie Osakas berühmtes Streetfood genießen kann.

Tagesausflüge & Abenteuer in der Nähe

Nara

Nara, ein kurzer Tagesausflug von Kyoto und Osaka entfernt, ist ein Muss für alle, die Japans reiche Geschichte und Natur in Harmonie erleben möchten. Der Höhepunkt eines jeden Besuchs in Nara ist **der Nara Deer Park**, eine weitläufige Grünfläche, in der über 1.000 wilde Hirsche frei herumlaufen, die in der Shinto-Religion als heilige Boten gelten. Die Besucher können sich mit diesen freundlichen, wissbegierigen Kreaturen austauschen, die es gewohnt sind, gefüttert und gestreichelt zu werden. Es ist ein einzigartiges Erlebnis, und der Anblick von Hirschen, die vor alten Tempeln und Schreinen grasen, trägt zur ruhigen Atmosphäre des Parks bei. Du kannst sie mit speziellen Knallbonbons füttern, die im Park verkauft werden, aber sei vorsichtig – diese schlauen Rehe könnten versuchen, an deiner Karte oder Tasche zu knabbern!

Der Todai-ji-Tempel, der sich in der Nähe des Parks befindet, ist ein weiterer unvergesslicher Anblick. Dieser ehrfurchtgebietende buddhistische Tempel beherbergt den **Großen Buddha (Daibutsu),** eine 15 Meter hohe Statue des Vairocana Buddha, eine der größten Bronzestatuen der Welt. Der Todai-ji wurde ursprünglich im 8. Jahrhundert erbaut und ist seitdem ein bedeutendes spirituelles und kulturelles Zentrum. Die massive Holzkonstruktion des Tempels, **Daibutsuden (Große Buddha-Halle),** ist das größte Holzgebäude der Welt und vermittelt ein überwältigendes Gefühl von Größe und Erhabenheit.

Um von Kyoto oder Osaka nach Nara zu gelangen, nehmen Sie die **JR-Nara-Linie** vom Bahnhof Kyoto oder die **JR-Yamatoji-Linie** von Osaka, die beide etwa 45 Minuten dauern. Der frühe Morgen ist die beste Zeit für einen Besuch, um die Menschenmassen zu vermeiden und das Beste aus Ihrer Zeit zu machen, um den Park und den Tempel zu erkunden. Ein Tagesausflug ist perfekt, um die ruhige Schönheit und kulturelle Bedeutung von Nara zu erleben und dem städtischen Trubel von Kyoto und Osaka zu entfliehen.

Kobe

Kobe, eine atemberaubende Hafenstadt mit kosmopolitischem Flair, bietet eine Mischung aus natürlicher Schönheit und reicher Kulturgeschichte. Der **Hafen von Kobe** ist das Herz dieser pulsierenden Stadt mit herrlichem Blick auf das Meer, umgeben von dramatischen Bergen. Der Hafen ist ein belebter Ort, der sich perfekt für einen gemütlichen Spaziergang entlang des Wassers oder eine entspannende Bootsfahrt eignet. Die Besucher können einen malerischen Blick auf den **Kobe Port Tower**, ein auffälliges rotes Bauwerk, und den ikonischen **Meriken Park** genießen, in dem Kunstmuseen, Cafés und moderne Architektur eine einladende, internationale Atmosphäre schaffen.

Aber was Kobe wirklich unvergesslich macht, ist das **weltberühmte Rindfleisch**. Kobe-Rindfleisch, eine Art **Wagyu**, ist bekannt für seine reichhaltige Marmorierung, Zartheit und seinen unglaublichen Geschmack. Die Rinder werden mit akribischer Sorgfalt aufgezogen, einschließlich Massagen und spezieller Diäten, die zur unverwechselbaren Textur und zum Geschmack des Rindfleischs beitragen. Ein Muss ist das **Kobe-Rindersteak**, das oft in gehobenen Restaurants wie **dem Steakland Kobe** oder **Wakashachiya serviert wird**, wo Sie dem Chefkoch beim Grillen des Fleisches direkt vor Ihren Augen zusehen können. Die Erfahrung, dieses Premium-Rindfleisch zu genießen, ist anders als alles andere, und es lohnt sich, es zu protzen.

Für diejenigen, die Sightseeing mit Essen verbinden möchten, sollten Sie unbedingt die **Kobe Nunobiki Herb Gardens besuchen**. Die Gärten sind über eine malerische Seilbahn erreichbar und bieten einen Panoramablick auf die Stadt und den Hafen sowie üppige Kräuter und Blumen. Nachdem Sie die Aussicht genossen haben, können Sie sich mit dem feinsten Kobe-Rindfleisch und anderen lokalen Köstlichkeiten verwöhnen lassen, die Ihren Besuch in Kobe zu einer perfekten Mischung aus Kultur, Landschaft und Küche machen.

Himeji

Die Burg Himeji, eine der berühmtesten und am besten erhaltenen Burgen Japans, ist ein Zeugnis für die architektonische Brillanz und die reiche Geschichte des Landes. Die Burg Himeji, die aufgrund ihres eleganten, weißen Äußeren auch als **Burg des Weißen Reihers bekannt ist** , gehört zum UNESCO-Weltkulturerbe und stammt aus dem 14. Jahrhundert. Sein atemberaubendes Design zeichnet sich durch ein Labyrinth aus miteinander verbundenen Gebäuden, geschichteten Dächern und Verteidigungsmauern aus, die alle dazu gedacht sind, Eindringlinge zu verwirren. Der **Bergfried** der Burg (Tenshu) erhebt sich majestätisch über die umliegende Landschaft und bietet einen Panoramablick auf die Stadt und das Seto-Binnenmeer. Das komplizierte Design und die Art und Weise, wie sich die Struktur in die natürliche Umgebung einfügt, machen die Burg Himeji so bemerkenswert.

Die Verteidigungsanlagen **der Burg** sind ebenso beeindruckend wie ihre Schönheit. Die großflächige Verwendung von Steinmauern, Gräben und Geheimgängen zeigt die strategische Bedeutung der Burg in der Feudalzeit Japans. Besucher können das Innere erkunden, durch enge Gänge gehen und die Befestigungsanlagen entdecken, die einen einzigartigen Einblick in die Militärarchitektur und -geschichte Japans bieten. Auf dem weitläufigen Gelände rund um das Schloss befinden sich wunderschöne Gärten, darunter der **Koko-en-Garten**, in dem sich die Besucher entspannen und die ruhige Umgebung genießen können.

Um die Burg Himeji **von** Kyoto **oder** Osaka **aus zu erreichen**, nehmen Sie den **Shinkansen** zum **Bahnhof Himeji**, der nur einen kurzen 15-minütigen Spaziergang von der Burg entfernt ist. Für ein ruhigeres Erlebnis ist es am besten, früh am Morgen oder an Wochentagen zu besuchen. Sie können sich für eine **Führung entscheiden** , um mehr über die Geschichte und die architektonischen Details des Schlosses zu erfahren, oder einfach in Ihrem eigenen Tempo erkunden. Ein Besuch der Burg Himeji bietet einen perfekten Einblick in die feudale Vergangenheit Japans und ist ein Muss für jeden Geschichtsliebhaber.

Arashiyama

Arashiyama ist einer der bezauberndsten Bezirke Kyotos, den man am besten im Rahmen eines **Tagesausflugs nach Kyoto** und nicht an einem separaten Ziel erlebt. Nur eine kurze 30-minütige Zugfahrt vom **Bahnhof Kyoto entfernt**, bietet es eine friedliche Flucht aus dem hektischen Treiben der Stadt und präsentiert natürliche Schönheiten und kulturelle Sehenswürdigkeiten, die es zu einer der Top-Attraktionen von Kyoto machen.

Das Highlight von Arashiyama sind die **Bambushaine**, in denen hoch aufragende Bambusstängel eine ruhige, fast überirdische Atmosphäre schaffen. Bei einem Spaziergang durch den Hain trägt das Geräusch des im Wind raschelnden Bambus zum ruhigen Charme bei. Nach der Erkundung der Haine können die Besucher zum **Iwatayama Monkey Park weiterfahren**, der sich auf einem Hügel befindet. Eine kurze, aber lohnende Wanderung führt zum Park, wo Sie einen Panoramablick auf Kyoto genießen können, während Sie mit wilden Makaken interagieren.

Um Ihren Tag abzurunden, machen Sie einen Spaziergang entlang der **Togetsukyo-Brücke**, einem malerischen Bauwerk, das den **Hozu-Fluss überspannt**. Diese Gegend eignet sich perfekt für eine ruhige Bootsfahrt mit Blick auf die umliegenden Berge und die Flusslandschaft. Arashiyama lässt sich am besten zu Fuß erkunden, so dass die Besucher die natürliche Schönheit, die traditionellen Tempel und die ruhigen Straßen in ihrem eigenen Tempo erleben können.

Für eine halbtägige Reiseroute nehmen Sie die **JR-Sagano-Linie** zum **Bahnhof Saga-Arashiyama** und beginnen mit dem Bambushain, fahren dann zum Affenpark und zur Brücke, wo Sie Zeit für eine gemütliche Mahlzeit in einem der lokalen Restaurants haben. Diese einfache, aber erfüllende Reiseroute bietet einen perfekten, ruhigen Rückzugsort in Kyoto.

Naturwanderungen, heiße Quellen und Onsen in der Nähe von Kyoto und Osaka

Für diejenigen, die eine Mischung aus natürlicher Schönheit und Entspannung suchen, bieten Kyoto und Osaka viele Möglichkeiten. **Spaziergänge in der Natur** rund um beide Städte führen zu atemberaubenden Aussichten und friedlichen Ausflügen. In Kyoto ist der **Weg der Philosophen** ein ruhiger Spaziergang entlang des Kanals, der im Frühling von Kirschblüten und im Herbst von leuchtendem Laub gesäumt ist. Das Gebiet des **Hozu-Flusses** in Arashiyama bietet auch malerische Wanderwege, die sich perfekt für einen Tag zum Wandern und Vogelbeobachten eignen, während **der Berg Takao** ein raueres Abenteuer mit herrlichem Blick auf die Stadt und die umliegende Landschaft bietet.

Wenn es um Entspannung geht, bieten **Onsen** (heiße Quellen) und **Sento** (öffentliche Bäder) verjüngende Erlebnisse, die ein wesentlicher Bestandteil der japanischen Kultur sind. Während Kyoto und Osaka selbst nicht viele natürliche heiße Quellen haben, bieten nahe gelegene Regionen wie **Kusatsu Onsen** in der Präfektur Shiga oder **Arima Onsen** in Kobe ein authentisches Onsen-Erlebnis. Arima Onsen ist besonders bekannt für sein goldenes und silbernes Wasser, die jeweils unterschiedliche gesundheitliche Vorteile bieten, wie z. B. die Verbesserung der Durchblutung und die Beruhigung der Muskeln. Für ein lokaleres Erlebnis bieten viele Ryokan (japanische Gasthäuser) private Onsens an, in denen Sie in ruhigem, mineralreichem Wasser eintauchen können, während Sie die atemberaubende Landschaft genießen.

Kulturelle Etikette und verantwortungsbewusstes Reisen

Grundlegende Etikette

Wenn Sie **Kyoto und Osaka besuchen**, wird das Verständnis der lokalen Bräuche und Etikette Ihr Erlebnis bereichern und Respekt vor der japanischen Kultur zeigen.

Tempel und SchreineIn Tempeln und Schreinen ist es wichtig, sich mit Ehrfurcht zu nähern. Kleiden Sie sich bescheiden und bedecken Sie Schultern und Beine, besonders wenn Sie heilige Bereiche betreten. **Leises Sprechen** ist ein Muss, denn diese Orte sind Zentren der Reflexion und Spiritualität. Wenn du einen Schrein besuchst, wirst du vielleicht gebeten, am Eingang ein kurzes Reinigungsritual durchzuführen – **wasche deine Hände und deinen Mund** am bereitgestellten Becken mit der Schöpfkelle, wirf dann eine Münze in die Opferbox, bevor du dich verbeugst und in die Hände klatschst, um Respekt zu zeigen. Achten Sie immer auf die ruhige, respektvolle Atmosphäre um Sie herum.

Öffentliche VerkehrsmittelIn öffentlichen Verkehrsmitteln wie U-Bahnen, Zügen und Bussen wird Stille erwartet. Beschränken Sie Telefongespräche auf ein Minimum und verwenden Sie Kopfhörer für Musik. **Bevorzugte Sitzplätze** sind älteren Passagieren, Menschen mit Behinderungen und schwangeren Frauen vorbehalten, also bieten Sie diese Sitzplätze bei Bedarf immer an. Vermeiden Sie es auch, in den meisten öffentlichen Verkehrsmitteln zu essen oder zu trinken, da dies als unhöflich gilt.

Etikette beim EssenBeim Essen in Restaurants ist die richtige Verwendung von **Stäbchen** wichtig: Stecken Sie sie niemals aufrecht in eine Schüssel mit Reis, da dies ein Bestattungsritual nachahmt. Zeigen Sie nicht mit Stäbchen und reichen Sie das Essen nicht direkt von einem Stäbchen zum anderen, da dies auch einen Bestattungsbrauch widerspiegelt. **Tischmanieren** sind im Allgemeinen ruhig und höflich; halten Sie Ihre Stimme leise und warten Sie, bis der Gastgeber mit dem Essen beginnt, bevor Sie es tun.

Richtlinien für das Fotografieren an heiligen Stätten

Fotografie kann eine schöne Möglichkeit sein, das Wesen heiliger und kultureller Stätten in Kyoto und Osaka einzufangen, aber es ist wichtig, die lokalen Bräuche und Regeln zu respektieren, um die Integrität dieser wichtigen Orte zu bewahren. An den meisten **Tempeln, Schreinen und heiligen Stätten** triffst du oft **Schilder mit der Aufschrift "Fotografieren verboten**". Diese Bereiche sollen Orte der Ehrfurcht und stillen Reflexion sein, und Fotografie kann die ruhige Atmosphäre stören. Respektieren Sie immer diese Zeichen – manchmal können selbst in Bereichen, in denen das Fotografieren erlaubt ist, bestimmte heilige Gegenstände, Rituale oder Zeremonien immer noch tabu sein.

Wenn Sie Menschen fotografieren, insbesondere **Mönche, Geishas** oder andere Personen in traditioneller Kleidung, **bitten Sie immer zuerst um Erlaubnis**. Viele Geishas und Maikos (Geisha-Lehrlinge) sind daran gewöhnt, dass Touristen Fotos machen, aber es ist trotzdem höflich, vor dem Fotografieren zu fragen. Für Mönche, besonders in Tempeln, ist es wichtig, ihren Raum und ihre spirituellen Praktiken zu respektieren – vermeide es, ihre Arbeit oder Meditation mit deiner Kamera zu unterbrechen. In diesen Situationen trägt ein respektvoller Umgang wesentlich zur Aufrechterhaltung des guten Willens bei.

Ein weiterer wichtiger Punkt ist die **Vermeidung von Blitzlicht** in sakralen Räumen, da das helle Licht störend sein und im Laufe der

Zeit empfindliche Kunstwerke und Innenräume beschädigen kann. Wenn Sie historische Stätten besuchen oder an Ritualen teilnehmen, halten Sie Ihre Bewegungen ruhig und unauffällig und vermeiden Sie jegliches Verhalten, das andere von ihren Erfahrungen ablenken könnte.

Wenn Sie diese einfachen Richtlinien verstehen, halten Sie sich nicht nur an Regeln, sondern tragen auch dazu bei, die kulturelle und spirituelle Essenz der von Ihnen besuchten Orte zu schützen, indem Sie ein Gefühl des Respekts und des Wohlwollens sowohl bei Einheimischen als auch bei Mitreisenden fördern.

Trinkgeld, Bräuche und Höflichkeit in Japan

In Japan ist **Trinkgeld** nicht üblich und kann sogar als unhöflich angesehen werden. Anders als in vielen westlichen Ländern, in denen Trinkgeld als eine Möglichkeit angesehen wird, guten Service zu belohnen, erhalten die Servicemitarbeiter in Japan einen fairen Lohn und ihre Arbeit wird als Teil ihrer beruflichen Pflicht angesehen. Das Anbieten eines Trinkgeldes kann zu Verwirrung führen oder dazu führen, dass sich das Personal unwohl fühlt, da es impliziert, dass sein Service noch nicht enthalten war oder geschätzt wurde.

Anstatt Trinkgeld zu geben, **ist Dankbarkeit** die bevorzugte Methode, um Dankbarkeit auszudrücken. Ein einfaches, höfliches **"Arigatō gozaimasu"** (ありがとうございます), was "Vielen Dank" bedeutet, wird sehr geschätzt und spiegelt Respekt wider. In formelleren Umgebungen sorgt eine **leichte Verbeugung,** wenn Sie sich bei jemandem bedankt, für ein gewisses Maß an

Aufrichtigkeit und Höflichkeit. Die Verbeugung ist ein wichtiger Teil der japanischen Kultur, um Respekt und Demut zu zeigen, und kann in verschiedenen sozialen Situationen verwendet werden, von der Begrüßung bis zum Ausdruck von Dankbarkeit.

Die japanische Kultur legt großen Wert auf **Höflichkeit** und **Pünktlichkeit**. Pünktlich zu Terminen, Transportmitteln und gesellschaftlichen Zusammenkünften zu sein, wird als Zeichen des Respekts angesehen. Verspätete Ankünfte gelten als rücksichtslos und können zu unnötigen Störungen führen. Darüber hinaus **ist das Schenken** in Japan ein sehr geschätzter Brauch. Reisende können Situationen erleben, in denen ein Geschenk als Zeichen der Wertschätzung angeboten wird und es höflich ist, es gnädig anzunehmen, auch wenn es sich um etwas Kleines handelt. Wenn man Geschenke macht, ist es üblich, sie als Zeichen des Respekts mit beiden Händen und mit einer Schleife zu überreichen.

Nachhaltigkeitstipps & umweltfreundliches Reisen in Kyoto und Osaka

Als Reisende ist es wichtig, die Umweltauswirkungen unserer Reisen zu berücksichtigen, insbesondere an Orten wie **Kyoto** und **Osaka**, die für ihre natürliche Schönheit und ihr kulturelles Erbe bekannt sind. Durch umweltfreundliche Reisegewohnheiten können wir dazu beitragen, diese atemberaubenden Reiseziele für zukünftige Besucher zu erhalten.

Eine der besten Möglichkeiten, Ihren ökologischen Fußabdruck zu minimieren, ist die Wahl **umweltfreundlicher Unterkünfte**. Viele Hotels in Kyoto und Osaka setzen sich für Nachhaltigkeit ein und bieten energieeffiziente Systeme, Abfallreduzierungsprogramme und die Verwendung von Produkten aus der Region. Suchen Sie nach Unterkünften mit Zertifizierungen wie **Green Key** oder **Eco-Label,** um sicherzustellen, dass Ihr Aufenthalt einen verantwortungsvollen Tourismus unterstützt. Einige Ryokan (traditionelle Gasthäuser) konzentrieren sich auch auf die Verwendung von biologischen, lokal angebauten Lebensmitteln und tragen so zu einem nachhaltigen Erlebnis bei.

Die achtsame Müllentsorgung ist ein weiterer wichtiger Aspekt für umweltfreundliches Reisen. Japan ist unglaublich sauber, und öffentliche Mülleimer sind selten. Achten Sie als Reisender darauf, einen kleinen Beutel für eventuellen Abfall bei sich zu haben und ihn immer ordnungsgemäß zu entsorgen. Darüber hinaus trägt die **Verwendung von wiederverwendbaren Gegenständen** wie Wasserflaschen, Einkaufstüten und Essstäbchen dazu bei, Einwegplastik zu reduzieren.

Der Respekt vor **der Natur** ist in Kyoto von entscheidender Bedeutung, besonders wenn man heilige Stätten wie **die Bambushaine von Arashiyama** oder **den Kinkaku-ji besucht**. Halten Sie sich an markierte Wege, um empfindliche Ökosysteme nicht zu beschädigen, und achten Sie auf Lärm und Müll. In Osaka kannst du **nachhaltige Unternehmen** unterstützen, indem du lokale Märkte wie **den Nishiki-Markt** besuchst, wo du Kunsthandwerker und Verkäufer findest, die umweltfreundliche, handgefertigte Produkte verkaufen.

Wenn Sie diese kleinen, aber bedeutungsvollen Veränderungen vornehmen – indem Sie nachhaltige Unterkünfte wählen, Abfall reduzieren und lokale Unternehmen unterstützen – tragen Sie dazu bei, dass Kyoto und Osaka auch für kommende Generationen schöne, lebendige Reiseziele bleiben.

Unterkunftsführer

Kyoto

Kyoto bietet eine große Auswahl an Unterkünften, von denen jede ihr eigenes einzigartiges Erlebnis bietet, von traditionellen Ryokan-Gasthäusern über moderne Boutique-Hotels bis hin zu preisgünstigen Pensionen.

RyokanDer Aufenthalt in einem Ryokan, einem traditionellen japanischen Gasthaus, ist eine der authentischsten Möglichkeiten, die Kultur Kyotos zu erleben. Im Ryokan gibt es in der Regel **Tatami-Räume** – Böden sind mit geflochtenen Strohmatten ausgelegt – und niedrige Holztische, an denen die Gäste auf Kissen sitzen können. Das Erlebnis dreht sich um Einfachheit, Entspannung und Ruhe und bietet eine echte Verbindung zur Geschichte Japans. Viele Ryokan verfügen auch über **Onsen-Bäder**, in denen die Gäste in natürlichen heißen Quellen baden und Körper und Geist verjüngen können. Nach einem langen Sightseeing-Tag gibt es nichts Schöneres als die Ruhe eines Onsen. In einem Ryokan zu speisen ist ein Genuss für sich; Ein **Kaiseki-Menü** – ein aufwendiges, mehrgängiges Menü mit saisonalen Zutaten – wird oft auf Ihrem Zimmer serviert, sodass Sie das Beste aus den kulinarischen Traditionen Kyotos genießen können. Zu den berühmten Ryokans in Kyoto gehören **Yachiyo** und **Hiiragiya**, wo Luxus und Tradition aufeinandertreffen.

Boutique-HotelsFür ein moderneres Erlebnis bietet Kyoto charmante Boutique-Hotels, die zeitgenössischen Komfort mit traditioneller japanischer Ästhetik verbinden. Hotels wie **The Screen** und **Hotel Kanra Kyoto** bieten minimalistisches Design mit einem Hauch traditioneller Elemente wie Schiebetüren, Bambusakzenten und Tatami-Matten in einigen Zimmern. Diese Unterkünfte bieten eine elegante Balance aus modernen Annehmlichkeiten wie WLAN, stilvollen Möbeln und geräumigen Zimmern und bewahren gleichzeitig die ruhige und unaufdringliche Schönheit, für die Kyoto bekannt ist.

Günstige AufenthaltFür Reisende mit kleinem Budget bietet Kyoto eine Vielzahl von Pensionen und **Hostels**, in denen Sie die Gastfreundschaft der Stadt erleben können, ohne die Bank zu sprengen. **Das K's House Kyoto** und **das Santiago Guesthouse Kyoto** sind beliebte Optionen und bieten saubere, komfortable Zimmer, hilfsbereites Personal und erschwingliche Preise. Viele dieser günstigen Unterkünfte befinden sich in der Nähe des Bahnhofs **Kyoto** oder des **Gion-Viertels**, so dass sie bequem sind, um die wichtigsten Sehenswürdigkeiten zu erkunden. Grundlegende Annehmlichkeiten wie Gemeinschaftsküchen und kostenloses WLAN gehören zum Standard und bieten sowohl Komfort als auch Gemeinschaft für Alleinreisende oder diejenigen, die andere treffen möchten.

Osaka

Osaka bietet eine große Auswahl an Unterkunftsmöglichkeiten, die für jedes Budget und jeden Geschmack geeignet sind. Ganz gleich, ob Sie auf der Suche nach einem luxuriösen Blick auf die Stadt, einem unvergesslichen Kapselhotel-Erlebnis oder einem familienfreundlichen Aufenthalt sind, in dieser dynamischen Stadt ist für jeden etwas dabei.

LuxushotelsFür einen erstklassigen Aufenthalt bieten Luxushotels in Osaka außergewöhnlichen Service, atemberaubende Aussichten und erstklassige Lage. **Das St. Regis Osaka** ist ein renommiertes Fünf-Sterne-Hotel mit geräumigen Zimmern mit herrlichem Blick auf die Stadt, tadellosem Service und gehobenen Restaurants. Das Hotel liegt im pulsierenden **Stadtteil Umeda**, in der Nähe der wichtigsten Einkaufs-,

Restaurant- und Unterhaltungszentren. Eine weitere ausgezeichnete Wahl ist **das Swissôtel Nankai Osaka**, das einen direkten Zugang zum **Bahnhof Namba bietet**, was es für Reisende unglaublich bequem macht. Mit luxuriösen Zimmern, einer Reihe von Restaurants und einem Außenpool ist es perfekt für alle, die sich verwöhnen lassen möchten. Für eine außergewöhnliche Aussicht **bietet das Conrad Osaka** modernes Design, hochwertige Annehmlichkeiten und einen Panoramablick auf die Stadt von seinen Zimmern auf den oberen Etagen.

KapselhotelsFür Alleinreisende oder diejenigen, die ein einzigartiges, budgetfreundliches Erlebnis suchen, sind Kapselhotels ein wesentlicher Bestandteil der modernen Beherbergungslandschaft Japans. **Das 9h Nine Hours** in **Namba** ist ein stilvolles Kapselhotel mit eleganten, platzsparenden Kabinen, sauberen Annehmlichkeiten und einem Fokus auf Komfort. Der Reiz von Kapselhotels liegt in ihrer Erschwinglichkeit und Bequemlichkeit, da sie eine kompakte und dennoch gemütliche Umgebung für eine gute Nachtruhe bieten. Die Zimmer sind zwar klein, bieten aber ein futuristisches, minimalistisches Erlebnis, das sich ideal für kurze Aufenthalte eignet.

Familienfreundliche HotelsReisen Sie mit Kindern oder einer Gruppe? Familienfreundliche Unterkünfte gibt es in Osaka zuhauf. **Das Hotel Universal Port** befindet sich in der Nähe der **Universal Studios Japan** und bietet geräumige Zimmer, eine kinderfreundliche Atmosphäre und einfachen Zugang zum Park. Es ist perfekt für Familien, die Komfort mit Bequemlichkeit verbinden möchten. Eine weitere großartige Option ist das **Hotel Nikko Osaka**, das Familiensuiten mit viel Platz, einem Innenpool und einer hervorragenden Nähe zu Einkaufsvierteln wie **Shinsaibashi** und **Dotonbori bietet**. Für längere Aufenthalte **bieten Serviced Apartments** wie **das Citadines Namba Osaka** den zusätzlichen Komfort einer Küchenzeile und größerer Wohnräume, perfekt für Familien oder Gruppen, die mehr Flexibilität benötigen.

Buchungstipps und saisonale Tipps für Kyoto und Osaka

Bei der Buchung von Unterkünften in **Kyoto** und **Osaka** sind Timing und Planung entscheidend, um die besten Preise zu sichern und einen reibungslosen Aufenthalt zu gewährleisten. Hier sind einige praktische Tipps, die Ihnen helfen, klug zu buchen und Überraschungen zu vermeiden.

Wann buchenUm die besten Angebote zu erhalten, ist es ratsam, mindestens 2-3 Monate im Voraus zu buchen, insbesondere wenn Sie in der Hochsaison wie der Kirschblütenzeit (März bis Mai), in den Sommerferien oder auf Festivals reisen. **Wochentage** bieten in der Regel bessere Preise als Wochenenden, insbesondere in Osaka, wo es ein geschäftiges Geschäftsviertel gibt. Für diejenigen, die nach Angeboten außerhalb der Spitzenzeiten suchen, **bieten Monate außerhalb der Saison**, wie der Spätherbst (nach dem Laubrausch im Herbst) oder der Winter, in der Regel niedrigere Preise und weniger Menschenmassen.

Stornierungsbedingungen verstehenWenn Sie über beliebte Plattformen wie Booking.com, **Agoda** oder **Airbnb** buchen, ist es wichtig, die **Stornierungsbedingungen sorgfältig zu überprüfen** . Flexible Optionen sind ideal für unvorhergesehene Änderungen, aber sie können mit einer etwas höheren Rate kommen. Wenn Sie nicht erstattungsfähige Angebote zu einem günstigeren Preis buchen, können Sie sicher sein, dass Ihre Reisepläne in Stein gemeißelt sind. In der Hochsaison wie der Kirschblüte ist die Verfügbarkeit begrenzt, so dass eine frühzeitige Buchung nicht nur kostengünstig ist, sondern auch sicherstellt, dass Sie sich ein Zimmer an Ihrem bevorzugten Ort sichern.

Saisonale PreisschwankungenIn Kyoto und **Osaka schießen** die Hotelpreise **während der Kirschblütenzeit** (Ende März bis Anfang April) und **bei großen Festivals** wie Gion Matsuri im Juli in die Höhe. In diesen Zeiträumen können die Zimmer bis zu 30-40% teurer sein. Da die **Weltausstellung 2025** in Osaka stattfindet, ist von April bis Oktober 2025 **mit höheren Preisen in der Region zu rechnen**. Um dies abzumildern, sollten Sie rechtzeitig buchen oder nach Unterkünften in weniger touristisch geprägten Gegenden wie **Higashiyama in Kyoto** oder **Umeda in Osaka suchen** , die immer noch einen guten Zugang zu den wichtigsten Sehenswürdigkeiten bieten.

Verwendung vertrauenswürdiger PlattformenBuchen Sie immer über vertrauenswürdige Plattformen wie Booking.com, **Expedia** oder **Rakuten Travel,** um Transparenz bei Preisen, Zahlungssicherheit und Stornierungsbedingungen zu gewährleisten. Viele dieser Plattformen bieten **Preisgarantien**, also vergleichen Sie die Preise auf mehreren Websites, um das beste Angebot zu erhalten.

Sicherheit, Betrug & praktische Tipps

Häufige Touristenbetrügereien und wie man sie vermeidet

Obwohl Kyoto und Osaka im Allgemeinen sicher für Reisende sind, ist es dennoch wichtig, sich vor häufigen Betrügereien im Klaren zu sein, die Sie unvorbereitet treffen können. Hier ist ein Leitfaden, der Ihnen hilft, diese Fallstricke zu erkennen und zu vermeiden und einen reibungslosen und stressfreien Besuch zu gewährleisten.

Überhöhte Gebühren für TaxisEiner der häufigsten Betrügereien in Osaka und Kyoto besteht darin, Taxis zu hohe Gebühren in Rechnung zu stellen. Einige Fahrer verwenden das Taxameter möglicherweise nicht richtig oder nehmen längere Routen, um den Fahrpreis zu erhöhen. Um dies zu vermeiden, **stellen Sie immer sicher, dass das Taxameter eingeschaltet ist**, sobald Sie in das Taxi steigen. Wenn der Fahrer eine Flatrate vorschlägt oder das Taxameter nicht zu benutzen scheint, bitten Sie ihn höflich, es einzuschalten. Sie können **die Route auch** mit einer Karten-App wie Google Maps überprüfen oder vor Fahrtantritt nach einer Schätzung des Fahrpreises fragen.

Gefälschte Waren auf MärkteWenn Sie Märkte wie den Nishiki-Markt in Kyoto oder **den Shinsaibashi** in Osaka besuchen, sollten Sie vorsichtig sein, wenn Verkäufer **gefälschte oder minderwertige Waren** verkaufen, insbesondere wenn es sich um Souvenirs wie **Kimonos**, **Teeservice** oder **Elektronik handelt**. Kaufen Sie immer in **seriösen Geschäften** oder bei bekannten Einzelhändlern und meiden Sie Straßenverkäufer, die Nachahmungen zu einem "zu schön, um wahr zu sein"-Preis anbieten. Es ist auch ratsam, Etiketten auf Echtheit zu überprüfen, insbesondere bei hochwertigen Artikeln wie **Kobe-Rindfleisch** oder **Matcha-Produkten**.

Aggressive StraßenverkäuferIn einigen belebten Touristengebieten können Sie auf aggressive Straßenverkäufer treffen, die versuchen, Sie in Geschäfte zu locken oder Sie zum Kauf von Dingen zu zwingen, die Sie nicht brauchen. Sie versprechen zwar Rabatte oder kostenlose Proben, aber diese Angebote sind oft mit versteckten Kosten oder Kaufdruck verbunden. Um Betrug zu vermeiden, **lehnen Sie höflich ab,** wenn Sie sich unwohl fühlen oder unter Druck gesetzt werden. Wenn du dir unsicher bist, **geh ruhig weg** – meistens hören sie auf, dir zu folgen.

Gefälschte ReiseführerGelegentlich können Sie auf Personen stoßen, die sich als inoffizielle Reiseleiter ausgeben, die Dienstleistungen zu einem Premiumpreis anbieten oder Sie zu Geschäften führen, in denen sie Provisionen erhalten. Buchen Sie Touren immer über **vertrauenswürdige Agenturen**, entweder direkt über Hotelempfehlungen oder etablierte Plattformen wie **GetYourGuide** oder **Viator**. Seien Sie skeptisch bei unaufgeforderten Angeboten von Fremden an beliebten Touristenorten.

Wenn Sie wachsam bleiben und vorsichtig bei Angeboten sind, die zu gut erscheinen, um wahr zu sein, können Sie häufige Betrügereien vermeiden, während Sie Ihre Zeit in Kyoto und Osaka genießen. Halten Sie sich an etablierte Dienstleistungen, bestätigen Sie die Preise immer im Voraus und fühlen Sie sich nicht unter Druck gesetzt, Entscheidungen vor Ort zu treffen.

Persönliche Sicherheitshinweise für Reisen in Kyoto und Osaka

Japan ist eines der sichersten Länder der Welt, und sowohl **Kyoto** als auch **Osaka** sind für ihre niedrige Kriminalitätsrate bekannt. Wie bei jedem Reiseziel ist es jedoch immer ratsam, wachsam zu bleiben und grundlegende Sicherheitsvorkehrungen zu befolgen, um einen sorgenfreien Besuch zu gewährleisten.

Aufbewahrung von WertsachenUm Ihre Sachen sicher aufzubewahren, verwenden Sie einen Geldgürtel oder eine Brusttasche für wichtige Gegenstände wie Reisepass, Kreditkarten und Bargeld. Lassen Sie Wertsachen wie teuren Schmuck wann immer möglich in einem Hotelsafe. Taschendiebstähle sind zwar selten, aber überfüllte Gegenden wie **Dotonbori** und **Namba** sind die besten Orte für kleinere Diebstähle, also behalten Sie Ihre Taschen genau im Auge und vermeiden Sie es, Ihre Brieftasche in der Öffentlichkeit offen zu lassen. **Vermeiden Sie große Summen an Bargeld** und tragen Sie nur das mit, was Sie für den Tag benötigen.

Achten Sie auf Ihre UmgebungObwohl Japan unglaublich sicher ist, ist es dennoch wichtig, auf Ihre Umgebung zu achten, insbesondere in überfüllten Touristengebieten. Vermeiden Sie Ablenkungen , wie z. B. den Blick auf Ihr Telefon, während Sie durch belebte Straßen gehen. Wenn Sie sich bei der Wegbeschreibung unsicher sind, treten Sie zur Seite, um eine Karte zu überprüfen oder um Hilfe zu bitten, anstatt den Fußgängerverkehr zu verlangsamen. Seien Sie abends, besonders in weniger belebten Gegenden, vorsichtig, wenn Sie von Fremden angesprochen werden, die unaufgefordert Hilfe anbieten.

Sicher reisen bei NachtOsaka und Kyoto sind beide sichere Städte, auch nachts, aber wie in jeder größeren Stadt ist es am besten, wachsam zu bleiben. Halten Sie sich an gut beleuchtete Straßen, wenn Sie nachts spazieren gehen, besonders wenn Sie alleine sind. Wenn Sie vorhaben, Ausgehviertel wie **Shinsaibashi** oder **Dotonbori zu besuchen**, ist es besser, in Gruppen zu reisen oder **öffentliche Verkehrsmittel** oder **Taxis zu** nutzen, als alleine zurückzulaufen. **Taxis** sind in der Regel sicher, aber stellen Sie sicher, dass sie registriert sind, indem Sie nach dem Taxischild und dem Taxameter im Inneren suchen.

Sichere VerkehrsmittelDas öffentliche Verkehrssystem Japans ist unglaublich sicher, da Züge und **U-Bahnen** gut gewartet und sicher sind. Achten Sie bei der Nutzung von Zügen auf **bevorzugte Sitzplätze** für diejenigen, die sie benötigen, und achten Sie auf Ihre Sachen, wenn der Zug überfüllt ist. Wenn Sie ein Taxi benutzen, wählen Sie immer solche mit einem sichtbaren Taxameter. Vermeiden Sie es, Fahrten von nicht gekennzeichneten Autos oder angeforderten Angeboten anzunehmen.

Notfallverfahren und -kontakte in Kyoto und Osaka

Japan ist bekannt für seine hervorragenden Rettungsdienste, und sowohl Kyoto als auch Osaka sind mit effizienten Systemen ausgestattet, um Reisenden in Not zu helfen. Hier erfahren Sie, was Sie wissen müssen, um sicherzustellen, dass Sie während Ihrer Reise mit Notfällen umgehen können.

Wichtige Notrufnummern

- **Polizei**: **110** – Für sofortige polizeiliche Hilfe in Notfällen wie Diebstahl, Unfällen oder Situationen, die eine Strafverfolgung erfordern.
- **Krankenwagen/Feuerwehr**: **119** – Rufen Sie diese Nummer für medizinische Notfälle an, einschließlich Rettungsdienste und brandbedingte Vorfälle.

- **Touristenpolizei**: **0570-011-000** – Ein spezieller Service für Touristen, der Hilfe in englischer Sprache für nicht dringende Probleme wie verlorene Gegenstände oder allgemeine Anfragen bietet.

Melden von verlorenen Gegenständen und Notfällen

Wenn Sie etwas Wertvolles verlieren, ist es wichtig, **dies sofort zu melden**. In Japan werden die meisten verlorenen Gegenstände zurückgegeben, also zögern Sie nicht, einen **Koban** (Polizeibox) zu besuchen, um vermisste Gegenstände zu melden, oder fragen Sie am Fundschalter eines Bahnhofs nach. Große Bahnhöfe wie **der Bahnhof Kyoto** und **der Bahnhof Osaka** haben spezielle **Schalter für verlorene Gegenstände**. Wenn Sie sich nicht sicher sind, wohin Sie gehen sollen, ist der Service der Touristenpolizei eine zuverlässige Möglichkeit, Ihnen auf Englisch zu helfen.

Wenn Sie bei medizinischen Notfällen kein Japanisch sprechen, verwenden Sie **die Übersetzungs-App Ihres Telefons** oder bitten Sie in einem nahe gelegenen Hotel oder Geschäft um Hilfe. Es ist auch eine gute Idee, **die Adresse und Telefonnummer Ihres Hotels bei sich zu haben** , um sie bei Bedarf den Rettungskräften zu zeigen.

Krankenhäuser & Konsulate

Für den Fall von medizinischen Notfällen sind hier die wichtigsten Krankenhäuser in beiden Städten:

- **Kyoto**: **Kyoto City Hospital** (Tel.: +81-75-322-2111)
- **Osaka**: **Universitätsklinikum Osaka** (Tel.: +81-6-6879-5111)

Internationale Reisende, die konsularische Hilfe benötigen, können sich hier an folgende Orte wenden:

- **Kyoto Konsulat der Vereinigten Staaten** (Tel.: +81-75-251-6341)
- **Osaka Konsulat der Vereinigten Staaten** (Tel.: +81-6-6315-5900)

Touristische Hilfezentren

In beiden Städten gibt **es Touristeninformationszentren** , die Karten, Wegbeschreibungen und Unterstützung in mehreren Sprachen anbieten. Sie sind in großen Bahnhöfen zu finden, wie z.B.:

- **Bahnhof Kyoto**: Befindet sich im Bahnhofsgebäude und bietet eine Reihe von Dienstleistungen.
- **Osaka Station**: Befindet sich im **Umeda Sky Building** und in der Nähe der Bahnhofsausgänge.

Mit diesen Notfallkontakten und -ressourcen können Sie unerwartete Situationen während Ihrer Reise nach Kyoto und Osaka sicher meistern.

Reiselogistik

Wenn Sie nach **Kyoto** und **Osaka reisen**, kann eine gut geplante Reiselogistik den Unterschied ausmachen. Hier sind einige hilfreiche Tipps, um ein reibungsloses, stressfreies Erlebnis zu gewährleisten.

Best Practices für den Währungsumtausch

Während viele große internationale Flughäfen und Bahnhöfe Geldwechseldienste anbieten, sind die **Wechselkurse** an diesen Standorten in der Regel nicht so günstig wie in **lokalen Wechselstuben** oder **Geldautomaten**. Um die besten Preise zu erhalten, sollten Sie in Erwägung ziehen, Bargeld an einem **Geldautomaten** abzuheben, sobald Sie in Japan sind – erkundigen Sie sich nur bei Ihrer Bank nach internationalen Abhebungsgebühren. **Wechselstuben** in Städten wie Kyoto und Osaka bieten wettbewerbsfähige Preise, aber es ist im Allgemeinen am besten, Flughafenkioske für große Beträge zu meiden. **Kreditkarten** werden in Hotels, Restaurants und großen Geschäften weitgehend akzeptiert, enthalten aber immer etwas **Yen** für kleinere Geschäfte, Street Food und Transport.

Dienstleistungen der Gepäckweiterleitung

Die Gepäckweiterleitung (*takuhaibin*) ist ein beliebter und bequemer Service in Japan, mit dem Sie Ihr Gepäck von Flughäfen zu Hotels, Bahnhöfen oder anderen Zielen versenden können. Es ist perfekt, wenn Sie die Stadt erkunden möchten, ohne schweres Gepäck zu tragen. Dienstleistungen wie **Yamato Transport (Kuroneko)** und **Sagawa Express** sind zuverlässig, mit Schaltern an den meisten Flughäfen und Hotels. Die Kosten liegen in der Regel zwischen 1.500 und 3.500 Yen pro Stück, je nach Größe und Entfernung, und Ihr Gepäck kommt in der Regel am nächsten Tag an. Fragen Sie bei Bedarf Ihr Hotel oder Ihren Bahnhof nach Hilfe bei der Logistik.

Flughafentransfers

Sowohl **der Kansai International Airport (KIX)** als auch **der Itami Airport (ITM)** dienen als Haupteingangspunkte nach Osaka und bieten auch einen einfachen Zugang zu Kyoto. Für eine bequeme und bequeme Ankunft:

- **Limousinenbusse** bieten direkte Routen zu wichtigen Hotels in beiden Städten und können eine erschwingliche Option für Personen mit schwerem Gepäck sein. Die Fahrt von KIX ins Zentrum von Osaka dauert etwa 45 Minuten und die Fahrpreise beginnen bei etwa 1.500 Yen.

- **Züge** wie der **JR Haruka Express** sind eine effiziente Wahl, insbesondere für Besucher, die nach Kyoto reisen, mit einer direkten Verbindung von KIX zum Bahnhof Kyoto in etwa 75 Minuten. **Bahnhöfe** eignen sich auch gut für die Gepäckverwaltung, und Sie müssen sich keine Sorgen machen, ein Taxi zu rufen.

- **Taxis** sind die direkteste Option, können aber teurer sein, insbesondere für lange Strecken (ca. 15.000 bis 20.000 Yen von KIX nach Kyoto). Wenn Sie mit einer Gruppe reisen oder viel Gepäck haben, sind Taxis möglicherweise die beste Option.

Bei **Abflügen** ist es ratsam, Ihre Reise zum Flughafen **mindestens 3 Stunden vor Ihrem Flug zu planen**. Wenn Sie mit öffentlichen Verkehrsmitteln anreisen, sollten Sie sich im Voraus über die Fahrpläne der Züge informieren, um einen Ansturm in letzter Minute zu vermeiden. Die Nutzung von Gepäcktransportdiensten kann auch Stress reduzieren, sodass Sie mit leichtem Gepäck zum Flughafen reisen können.

Beispiele für Reiserouten

3-tägige Kyoto Focus Reiseroute

Kyoto ist eine Stadt voller kultureller Wunder, ruhiger Tempel, traditioneller Teezeremonien und wunderschöner Straßen voller Geschichte. Diese 3-tägige Reiseroute ist so konzipiert, dass sie Ihnen ein umfassendes Erlebnis bietet, mit einer Balance aus ikonischen Attraktionen, kulturellem Eintauchen und Auszeiten, die Sie in einem gemütlichen Tempo erkunden können.

Tag 1: Tempel & traditionelles Kyoto

Beginnen Sie Ihren ersten Tag früh, um das Beste aus den unglaublichen Tempeln und historischen Stätten von Kyoto zu machen.

Morgens: Beginnen Sie mit einem Besuch des **Kinkaku-ji (Goldener Pavillon).** Kommen Sie früh an, um die Menschenmassen zu vermeiden und die friedliche Schönheit dieses ikonischen Zen-buddhistischen Tempels zu genießen, der von üppigen Gärten und einem schimmernden Teich umgeben ist. Danach geht es weiter nach **Ryoan-ji** , um den berühmten Steingarten zu sehen.

Mittagessen: Zum Mittagessen fahren Sie nach **Gion**, Kyotos historischem Geisha-Viertel. Genießen Sie ein traditionelles **Kaiseki-Menü** (mehrgängiges Menü) im **Gion Karyo** oder eine einfache Schüssel **Udon** in einem der vielen lokalen Restaurants.

Nachmittag: Besuchen Sie **Fushimi Inari Taisha**, berühmt für seine Tausenden von roten Torii-Toren, die zum Berg Inari führen. Es ist eine landschaftlich reizvolle und etwas abenteuerliche Wanderung, die etwa 1-2 Stunden dauert, also tragen Sie bequeme Schuhe. Sie können auf halbem Weg anhalten, um Fotos zu machen, oder weiter zum Gipfel fahren, um einen Panoramablick zu genießen.

Abends: Schlendern Sie abends durch die charmanten Gassen von **Gion** , wenn das Viertel mit seinen traditionellen Holzhäusern und schwach beleuchteten Laternen besonders magisch ist. Machen Sie eine Pause für einen Drink oder eine süße Leckerei in einem der malerischen Cafés.

Tag 2: Kulturelle Immersion & malerische Spaziergänge

Konzentrieren Sie sich an Ihrem zweiten Tag darauf, in die Kultur von Kyoto einzutauchen und malerische Viertel zu erkunden.

Morgen: Beginnen Sie den Tag mit einer traditionellen **Teezeremonie** in der **Camellia Tea Ceremony**, die sich in der Nähe von **Kiyomizu-dera befindet**. Dieses Erlebnis führt Sie in die meditative Kunst der Zubereitung und des Trinkens von Matcha-Tee ein. Machen Sie anschließend einen gemütlichen Spaziergang zum **Kiyomizu-dera**, einem der berühmtesten Tempel Kyotos. Die Holzbühne bietet vor allem im Frühling und Herbst einen schönen Blick auf die Stadt.

Mittagessen: Besuchen Sie die nahe gelegenen **Straßen Ninenzaka** und **Sannenzaka**, die mit traditionellen Geschäften gefüllt sind. Genießen Sie einen schnellen Bissen **Yuba** (Tofuhaut) oder **Kibi Dango** (traditionelle Reismehlbonbons).

Nachmittag: Verbringen Sie den Nachmittag mit einem Spaziergang durch **Arashiyama**. Beginnen Sie mit dem ruhigen **Bambushain und** wandern Sie dann zum **Iwatayama Monkey Park,** von wo aus Sie einen herrlichen Blick auf Kyoto haben. Entspannen Sie sich anschließend an der **Togetsukyo-Brücke** oder machen Sie eine Bootsfahrt auf dem Hozu-Fluss.

Abendessen: Beenden Sie Ihren Tag mit einem traditionellen Abendessen im **Yudofu Sagano**, das für seine einfachen, köstlichen Tofu-Gerichte in einer ruhigen Umgebung bekannt ist.

Tag 3: Historische Straßen & versteckte Schätze

Ihr letzter Tag bietet einen entspannteren Ansatz mit malerischen Spaziergängen durch Kyotos traditionelle Viertel und versteckte Juwelen.

Morgens: Beginnen Sie mit einem Besuch der **Burg Nijo,** die zum UNESCO-Weltkulturerbe gehört. Erkunden Sie die wunderschön angelegten Gärten und die kunstvollen Innenräume des Schlosses. Schauen Sie sich unbedingt die **Nachtigallenböden an**, die beim Betreten zwitschern, um vor Eindringlingen zu warnen.

Mittagessen: Probieren Sie zum Mittagessen einen lokalen Favoriten auf dem **Nishiki-Markt**, wo Sie alles probieren können, von **Takoyaki** (Oktopusbällchen) bis hin zu frischem **Sashimi** oder **Süßigkeiten mit Matcha-Geschmack**. Es ist ein großartiger Ort für Feinschmecker.

Nachmittag: Nach dem Mittagessen machen Sie einen Spaziergang entlang des **Philosophenweges**. Dieser malerische Weg, der von

Kirschbäumen gesäumt ist, ist besonders im Frühling und Herbst atemberaubend. Unterwegs halten Sie am **Ginkaku-ji (Silberner Pavillon),** einem Zen-Tempel mit wunderschönen Gärten.

Abends: Genießen Sie für Ihren letzten Abend ein ruhiges Abendessen in einem **Ryokan** (traditionelles Gasthaus). Erleben Sie das **Kaiseki-Essen**, das in Ryokans wie **Hiiragiya** oder **Yachiyo serviert** wird, wo Sie eine Reihe von saisonalen Gerichten in einer ruhigen, traditionellen Umgebung genießen können.

Reisetipps

- **Tempo**: Kyoto kann sich mit so vielen Attraktionen überwältigend anfühlen, also achten Sie darauf, sich selbst einzuteilen. Wenn Sie jeden Tag früh anfangen, können Sie Menschenmassen vermeiden und sorgen für ein entspannteres Erlebnis.
- **Transport**: Nutzen Sie den **Kyoto City Bus** oder **die U-Bahn,** um Tempel und andere Attraktionen bequem zu erreichen. Erwägen Sie den Kauf eines **Kyoto-Besucherpasses** für unbegrenzte Reisen.
- **Schuhwerk**: Tragen Sie bequeme Wanderschuhe, da Sie viel laufen werden, vor allem durch Tempel und die natürlichen Sehenswürdigkeiten.
- **Zeitplan**: Um die größten Menschenmassen zu vermeiden, sollten Sie versuchen, direkt nach der Öffnung oder später am Nachmittag an den Tempeln und Attraktionen zu sein.

Diese 3-tägige Reiseroute ermöglicht es Ihnen, das kulturelle Erbe, die landschaftliche Schönheit und die kulinarischen Köstlichkeiten von Kyoto zu erkunden und ein unvergessliches Reiseerlebnis zu schaffen

3-tägige Osaka Focus Reiseroute

Osaka ist eine Stadt, die reiche Geschichte, moderne Aufregung und eine lebendige Gastronomieszene vereint. Diese 3-tägige Reiseroute führt Sie durch das Beste von Osaka, von kulturellen Sehenswürdigkeiten und Einkaufsvierteln bis hin zu aufregender Unterhaltung und Nachtleben.

Tag 1: Ikonische Sehenswürdigkeiten und kulinarische Köstlichkeiten

MorgenBeginnen Sie Ihren ersten Tag in der Burg von Osaka, einem der berühmtesten Wahrzeichen Japans. Kommen Sie früh, um die Menschenmassen zu vermeiden, und erkunden Sie die **wunderschöne Anlage** und das **Museum** im Inneren des Schlosses. Der Panoramablick von der Spitze des Burgturms ist fantastisch. Nehmen Sie sich Zeit für einen Spaziergang durch den üppigen **Schlosspark von Osaka**, wo Sie sich am Wassergraben entspannen oder die umliegenden Gärten erkunden können.

MittagessenZum Mittagessen begeben Sie sich zum nahe gelegenen Kuromon Ichiba Markt. Dieser geschäftige Lebensmittelmarkt ist ein Paradies für frische, lokale Snacks. Probieren Sie **Takoyaki** (Oktopusbällchen), **Kushikatsu** (gebratene

Spieße) oder **Okonomiyaki** (herzhafte Pfannkuchen) nach Osaka-Art.

NachmittagVerbringen Sie Ihren Nachmittag in Dotonbori, dem lebhaften Unterhaltungsviertel von Osaka. Dotonbori ist berühmt für seine Neonlichter, Werbetafeln und Street Food **und** eignet sich perfekt für Sightseeing und Verkostungen. Verpassen Sie nicht, ein Foto mit dem **Glico Man-Schild** zu machen und am Dotonbori-Kanal **entlang zu spazieren**. In der Umgebung finden Sie auch zahlreiche Einkaufsmöglichkeiten, von lokalen Boutiquen bis hin zu großen Kaufhäusern.

AbendessenBeenden Sie den Tag mit einem Besuch in einem lokalen Izakaya im Stadtteil **Namba**, wo Sie köstliche kleine Gerichte mit Getränken in einer traditionellen japanischen Pub-Atmosphäre genießen können.

Tag 2: Themenparks & Shopping

MorgenWidmen Sie Ihren zweiten Tag den Universal Studios Japan – einem Weltklasse-Themenpark in der **Osaka Bay Area**. Kommen Sie früh an, um das Beste aus Ihrem Tag zu machen, vor allem, wenn Sie beliebte Attraktionen wie **die Zauberwelt von Harry Potter** oder **Jurassic Park – The Ride besuchen möchten**. Wenn Sie wenig Zeit haben, sollten Sie den Kauf von Express Pässen in Betracht ziehen, um die Warteschlangen zu umgehen.

MittagessenGenießen Sie das Mittagessen im Park oder in einem der vielen Restaurants in der Nähe **des Universal City Walk**, direkt vor dem Themenpark. Hier finden Sie alles, von zwanglosen Restaurants bis hin zu thematischen kulinarischen Erlebnissen.

NachmittagNach einem unterhaltsamen Tag im Universal geht es zum Shoppen nach Umeda . Das **Umeda Sky Building** bietet von seiner Aussichtsplattform aus einen atemberaubenden Blick auf die Stadt, und die **Kaufhäuser Hankyu und Daimaru** bieten viele Möglichkeiten zum Einkaufen.

AbendessenErkunden Sie zum Abendessen die kulinarische Szene von Umeda – probieren Sie ein **Kaiseki-Menü** (mehrgängiges Menü) oder **Sushi** im **Endo Sushi**, einem der besten Sushi-Lokale in Osaka, das für seinen frischen, hochwertigen Fisch berühmt ist.

Tag 3: Kultur, Essen und Nachtleben

MorgenBeginnen Sie Ihren Tag im Sumiyoshi Taisha-Schrein, einem der ältesten Shinto-Schreine in Osaka. Die markanten **Bogenbrücken** und die friedliche Atmosphäre machen es zu einem perfekten Ort für einen ruhigen Besuch am Morgen. Erkunden Sie anschließend den nahe gelegenen **Sumiyoshi-Park**, der eine friedliche Flucht aus der geschäftigen Stadt bietet.

MittagessenAls nächstes begeben Sie sich nach Shinsaibashi, Osakas größtem Einkaufsviertel. Machen Sie eine Mittagspause in einem lokalen Café oder Restaurant und genießen Sie klassisches **Streetfood aus Osaka** wie **Kushikatsu** (frittierte Spieße) oder erkunden Sie die trendigen Geschäfte und Boutiquen.

NachmittagAm Nachmittag besuchen Sie das Osaka Aquarium Kaiyukan, eines der größten Aquarien der Welt, in dem die Unterwasserwelt des Pazifischen Raums zu sehen ist. Das Highlight ist der riesige zentrale Tank, in dem eine atemberaubende Vielfalt an Meerestieren lebt, darunter der ikonische **Walhai**.

AbendessenGönnen Sie sich am letzten Abend ein Abendessen im Dotonbori, wo Sie **Okonomiyaki** (herzhafte Pfannkuchen), **Takoyaki** und mehr Street Food genießen können. Spazieren Sie nach dem Abendessen durch die neonbeleuchteten Straßen und erkunden Sie das lebhafte Nachtleben in der Gegend mit unzähligen Bars, Clubs und Unterhaltungsmöglichkeiten.

NachtlebenFür abendliche Unterhaltung können Sie die Unterhaltungsmöglichkeiten von Namba erkunden . Besuchen Sie einen der Karaoke-Spots der Stadt, tanzen Sie in einem Nachtclub oder genießen Sie einen ruhigen Drink in einer Bar auf dem **Dach** mit Blick auf die Skyline der Stadt.

Reisetipps

- **Fortbewegung: Die** U-Bahn- und Zugsysteme **von Osaka** sind hocheffizient. Erwägen Sie den Kauf eines **Osaka Amazing Pass**, der unbegrenzten Zugang zu U-Bahnen, Bussen und Ermäßigungen für verschiedene Attraktionen bietet.
- **Zu Fuß**: Viele der Sehenswürdigkeiten von Osaka sind zu Fuß erreichbar, vor allem in **Dotonbori** und **Namba**, daher sind bequeme Schuhe ein Muss.
- **Pacing**: Beginnen Sie jeden Tag früh, um das Beste aus Ihrer Zeit zu machen. Planen Sie für Themenparks und beliebte Touristenattraktionen ein, direkt nach ihrer Eröffnung anzukommen, um Menschenmassen zu vermeiden.

Wenn Sie dieser Reiseroute folgen, erleben Sie die perfekte Balance zwischen kulturellen Sehenswürdigkeiten, aufregenden Aktivitäten, Einkaufsmöglichkeiten, Restaurants und Nachtleben, die Ihnen unvergessliche Erinnerungen an Osaka hinterlassen.

7-tägige kombinierte Tour: Kyoto & Osaka

Diese 7-tägige Reiseroute bietet eine perfekte Balance zwischen Kyotos traditioneller Schönheit und Osakas moderner Energie, mit Tagesausflügen zu nahe gelegenen Zielen, die Ihnen ein umfassendes Erlebnis der japanischen Kansai-Region bieten. Es verbindet kulturelle Erkundungen mit urbaner Aufregung und garantiert eine abwechslungsreiche und angenehme Reise für jede Art von Reisenden.

Tag 1: Ankunft & Kyotos ikonische Sehenswürdigkeiten

Morgens: Ankunft in **Kyoto** und Einchecken in Ihre Unterkunft. Empfohlene Hotels: **Hotel Granvia Kyoto** oder **Gion Hatanaka Ryokan** für einen traditionellen Aufenthalt.

Nachmittag: Besuchen Sie **den Kinkaku-ji (Goldener Pavillon),** um die goldene Schönheit des Zen-buddhistischen Tempels zu bestaunen. Spazieren Sie durch die angrenzenden Gärten und genießen Sie die friedliche Atmosphäre.

Abends: Erkunden Sie das historische **Gion-Viertel** und genießen Sie ein traditionelles **Kaiseki-Abendessen** im **Gion Karyo** oder eine ungezwungene Mahlzeit mit **Yuba** (Tofuhaut) auf dem **Nishiki-Markt**.

Tag 2: Kulturelle Erkundung in Kyoto

Morgen: Beginnen Sie Ihren Tag im **Fushimi Inari Taisha** und gehen Sie durch Tausende von ikonischen roten Torii-Toren. Es ist ein spirituelles Erlebnis, das unglaubliche Fotomotive bietet.

Mittagessen: Fahren Sie nach **Gion,** um eine traditionelle **Bento-Box** oder **Matcha-Süßigkeiten zu genießen**.

Nachmittag: Besuchen Sie **Kiyomizu-dera**, ein UNESCO-Weltkulturerbe, und genießen Sie von der Holzplattform des Tempels aus den Blick auf die Skyline von Kyoto. Schlendern Sie durch die nahe gelegenen **Straßen Sannenzaka** und **Ninenzaka**, um einzukaufen und traditionelle Snacks zu genießen.

Abends: Genießen Sie das Abendessen in einem gemütlichen **Izakaya** in der **Pontocho-Gasse** mit köstlichen kleinen Gerichten und Getränken in einer lebhaften Atmosphäre.

Tag 3: Tagesausflug nach Nara

Morgens: Nehmen Sie einen **JR-Zug** nach **Nara** (45 Minuten). Besuchen Sie **den Todai-ji-Tempel**, die Heimat des Großen Buddha, und erkunden Sie den umliegenden **Nara Wild Park**.

Mittagessen: Probieren Sie **Kakinoha-Zushi** (Sushi mit Kakiblättern) in einem lokalen Restaurant in Nara.

Nachmittag: Besuchen Sie **den Kasuga Taisha Schrein** und spazieren Sie durch den **Nara Park**.

Abends: Kehren Sie für den Abend nach Kyoto zurück und genießen Sie eine leichte Mahlzeit in **Gion's Yudofu Sagano** (Tofu-Restaurant).

Tag 4: Osaka – Erkundung moderner Sehenswürdigkeiten

Morgens: Nehmen Sie den **Shinkansen** nach **Osaka** (15 Minuten). Checken Sie in Ihrem Hotel ein: **Swissôtel Nankai Osaka** oder **The St. Regis Osaka** für Luxus oder **Hotel Nikko Osaka** für Bequemlichkeit.

Nachmittag: Besuchen Sie **die Burg von Osaka** und erkunden Sie das Museum und seine malerische Anlage. Spazieren Sie durch **den Osaka Castle Park** und genießen Sie die historische Architektur.

Abends: Fahren Sie nach **Dotonbori** für eine lebhafte Nacht mit Street Food. Probieren Sie **Takoyaki** (Oktopusbällchen) und **Okonomiyaki** (herzhafte Pfannkuchen) und genießen Sie die neonbeleuchtete Atmosphäre.

Tag 5: Universal Studios Japan & Shopping

Morgens: Verbringen Sie den Tag in den **Universal Studios Japan** in **der Osaka Bay Area** und genießen Sie Attraktionen wie **die Zauberwelt von Harry Potter** und **Jurassic Park**. Kommen Sie früh, um die Menschenmassen zu vermeiden.

Mittagessen: Essen Sie im Park in Themenrestaurants oder an Essensständen.

Nachmittag: Wenn Sie Zeit haben, gehen Sie zum Einkaufen nach **Shinsaibashi** oder erkunden Sie die modischen Geschäfte in **Umeda**.

Abends: Genießen Sie ein Abendessen in einem **Sushi-Restaurant** wie **Endo Sushi**, das für seine frischen, hochwertigen Meeresfrüchte bekannt ist.

Tag 6: Tagesausflug nach Himeji

Morgens: Nehmen Sie den **JR-Zug** nach **Himeji** (1 Stunde). Besuchen Sie die beeindruckende **Burg Himeji**, eine der am besten erhaltenen Burgen Japans. Erkunden Sie das Gelände und bewundern Sie die Architektur.

Mittagessen: Genießen Sie **Aal (Unagi) nach Himeji-Art** in einem lokalen Restaurant.

Nachmittag: Besuchen Sie **den Koko-en Garten** neben der Burg für einen entspannenden Spaziergang durch traditionelle japanische Gärten.

Abends: Rückkehr nach Osaka für einen ruhigen Abend. Machen Sie einen Spaziergang entlang **des Dotonbori-Kanals** oder entspannen Sie sich bei einem Drink in der **Bar auf der Dachterrasse** des Umeda Sky Building.

Tag 7: Entspannter Tag in Osaka

Morgens: Beginnen Sie den Tag im **Osaka Aquarium Kaiyukan**, einem der größten Aquarien der Welt. Genießen Sie Ausstellungen wie das **Wal-Hai-Becken** und andere Meeresbewohner.

Mittagessen: Essen Sie in der **Osaka Bay Area zu Mittag**, wo viele Restaurants einen malerischen Blick auf den Hafen bieten.

Nachmittag: Besuchen Sie **den Shitenno-ji-Tempel**, Osakas ältesten buddhistischen Tempel, und entspannen Sie sich im **Tennoji-Park**.

Abends: Genießen Sie für Ihren letzten Abend ein gemütliches Abendessen in einem lokalen **Izakaya-** oder **Kushikatsu-Restaurant** in **Shinsekai**.

Reisetipps & Logistik

- **Unterkunft**: Buchen Sie Unterkünfte im Voraus, vor allem in der Hochsaison wie Kirschblütenzeit oder bei Festen. Entscheiden Sie sich für zentrale Standorte wie **den Bahnhof Kyoto** oder **Umeda** .
- **Transport**: Erwägen Sie den Kauf des **JR Pass** für unbegrenzte Fahrten zwischen Kyoto, Osaka und den nahe gelegenen Tagesausflugszielen. Für den Nahverkehr können Sie **den Osaka Amazing Pass** und den **Kyoto City Bus Pass** nutzen, um unbegrenzt mit Bussen und U-Bahnen zu fahren.
- **Zeitplan**: Kyoto und Osaka sind beide leicht zu Fuß zu erreichende Städte, also tragen Sie bequeme Schuhe und beginnen Sie Ihren Tag früh, um die geschäftigsten

Menschenmassen an den wichtigsten Sehenswürdigkeiten zu vermeiden.

Thematische Routen

Feinschmecker-Reiseroute

Tag 1: Osaka Street Food Tour

- **Morgens**: Besuchen Sie **Dotonbori** für ikonische Gerichte wie **Takoyaki** und **Okonomiyaki**.
- **Nachmittag**: Erkunden Sie **den Kuromon Ichiba Markt** in Osaka für frische Meeresfrüchte, **Kushikatsu** (frittierte Spieße) und andere Straßensnacks.
- **Abends**: Abendessen in einem **Sushi-Restaurant** wie **Endo Sushi** in Osaka.

Tag 2: Kyotos kulinarische Köstlichkeiten

- **Morgens**: Besuchen Sie den **Nishiki-Markt** in Kyoto, um **Matcha-Süßigkeiten**, **Yuba** und **Sashimi zu kaufen**.
- **Nachmittag**: Genießen Sie ein traditionelles **Kaiseki-Essen** im **Gion Karyo**.
- **Abends**: Probieren Sie **Yudofu** (Tofu-Gerichte) in **Gion**.

Tag 3: Kulinarische Touren & lokales Essen

- **Morgens**: Erkunden Sie **die Bambushaine von Arashiyama** und genießen Sie lokale Essensstände.
- **Nachmittag**: Probieren Sie Kyotos **Kyo-Yuba-Gerichte** in lokalen Restaurants in **Higashiyama**.

Kultur-Route

Tag 1: Kyotos historische Sehenswürdigkeiten

- **Morgens**: Besuch des **Kinkaku-ji** (Goldener Pavillon) und **des Ryoan-ji** für Zen-Gärten.
- **Nachmittag**: Erkunden Sie **Fushimi Inari Taisha** und **Kiyomizu-dera**.
- **Abends**: Spazieren Sie durch **Gion** , um den Charme der alten Welt von Kyoto zu erleben.

Tag 2: Osakas historische Stätten

- **Morgens**: Besuch der **Burg Osaka** und **des Shitenno-ji-Tempels**.
- **Nachmittag**: Erkunden Sie **den Sumiyoshi Taisha-Schrein** und das **Osaka Museum of History**.
- **Abends**: Erkunden Sie **Dotonbori** bei Nacht.

Tag 3: Tagesausflug nach Nara

- **Morgens**: Besuch des **Todai-ji-Tempels** und des **Nara Deer Parks**.

- **Nachmittag**: Erkunden Sie **den Kasuga Taisha Schrein** und den **Nara Park**.

Familien-Reiseroute

Tag 1: Osaka Spaß für Kinder

- **Morgens**: Verbringen Sie den Tag in den **Universal Studios Japan**.
- **Nachmittag**: Erkunden Sie weitere Attraktionen im Park.
- **Abends**: Fahren Sie nach **Dotonbori** für ein familienfreundliches Abendessen.

Tag 2: Kyotos familienfreundliche Attraktionen

- **Morgens**: Besuchen Sie **das Kyoto Railway Museum** für interaktive Ausstellungen.
- **Nachmittag**: Fahren Sie nach **Arashiyama** und erkunden Sie den **Iwatayama Monkey Park**.
- **Abends**: Abendessen in einem familienfreundlichen Restaurant in **Gion**.

Tag 3: Osakas verspielte Seite

- **Morgens**: Besuch des **Osaka Aquarium Kaiyukan**.
- **Nachmittag**: Erkunden Sie **Shinsaibashi** zum Einkaufen und für kinderfreundliche Cafés.
- **Abends**: Besuchen Sie **das Osaka Science Museum** für interaktives Lernen.

Durch den Wechsel zwischen Kyotos reichen kulturellen Stätten, Osakas modernem Trubel und Tagesausflügen zu nahe gelegenen Orten ermöglichen es Ihnen diese Routen, das Beste der Kansai-Region zu erleben. Egal, ob Sie ein Feinschmecker, ein Kulturliebhaber oder eine Familie sind, diese flexible Reiseroute sorgt für eine bereichernde und unvergessliche Reise.

Anhänge

Detaillierte Karten und Reiseführer für Kyoto und Osaka

Die Navigation **in Kyoto** und **Osaka** ist dank der gut organisierten Verkehrssysteme unkompliziert. Im Folgenden finden Sie hilfreiche Karten, Reiseführer und Tipps für die Nutzung öffentlicher Verkehrsmittel, um sich in beiden Städten bequem fortzubewegen.

Kyoto Transit Reiseführer

Kyoto ist gut an eine Kombination aus **U-Bahn-Linien**, **Bussen** und **Zügen angebunden**. Hier finden Sie eine Aufschlüsselung der wichtigsten Transitrouten, Schlüsselbereiche und Tipps zur Nutzung des Systems.

Wichtige Transitsysteme in Kyoto:

- **Kyoto U-Bahn**: Die Stadt hat zwei U-Bahn-Linien:

- **Karasuma-Linie (grün):** Verläuft von Norden nach Süden und verbindet **den Bahnhof Kyoto** mit dem **Gebiet** Kokusai Kaikan.
- **Tozai-Linie (blau):** Verläuft von Ost nach West und verbindet **Daigo** im Osten mit **Karasuma Oike** im zentralen Bereich.

Tipp: Das U-Bahn-System von Kyoto ist einfach zu navigieren und die Stationen sind mit englischen Schildern ausgestattet. Tickets können an Automaten in jeder Station gekauft werden, und mit dem **Kyoto City Subway Pass** können Sie unbegrenzt mit beiden U-Bahn-Linien fahren.

- **Kyoto City Bus**: Busse sind der bequemste Weg, um **Tempel** und **Schreine** in Kyoto zu erreichen, insbesondere in Gebieten, die nicht von der U-Bahn abgedeckt werden.
    - **Buslinien** wie **#100** und **#205** verbinden wichtige Sehenswürdigkeiten wie **Kinkaku-ji**, **Kiyomizu-dera** und **Arashiyama**.

Tipp: Busse in Kyoto sind nicht durch den **Kyoto Subway Pass** abgedeckt. Sie müssen eine **Tageskarte für den Bus kaufen** oder beim Einsteigen in bar bezahlen. Am besten haben Sie kleine Scheine oder eine **IC-Karte** (wie **ICOCA**) für die Bezahlung.

- **Züge**:
  JR West und **private Eisenbahngesellschaften** (wie **Keihan** und **Hankyu**) verbinden Kyoto mit anderen nahe gelegenen Städten wie **Osaka** und **Nara**.

- JR ist die häufigste Verbindung zwischen Kyoto und **Osaka**, und **Keihan** bietet eine malerische Fahrt nach **Fushimi Inari Taisha**.

Tipp: Verwenden Sie die **ICOCA-Karte** für nahtloses Bezahlen in Zügen, Bussen und U-Bahnen.

Die wichtigsten Sehenswürdigkeiten in Kyoto:

- **Bahnhof Kyoto** (Verkehrsknotenpunkt)
- **Bezirk Gion** (historisches Gebiet)
- **Kinkaku-ji (Goldener Pavillon)**
- **Fushimi Inari Taisha** (Schrein mit Torii-Toren)
- **Kiyomizu-dera-Tempel**
- **Arashiyama Bambushain**

Osaka Transit Reiseführer

Osaka ist eine geschäftige Stadt mit einem ausgezeichneten Verkehrssystem, einschließlich **U-Bahnen**, **JR-Zügen** und **Bussen**, die es einfach machen, sich fortzubewegen.

Wichtige Verkehrssysteme in Osaka:

- **Osaka Metro**: Die **Osaka Metro** besteht aus **8 Linien**, die den größten Teil der Stadt und beliebte Sehenswürdigkeiten abdecken.

- **Midosuji-Linie (rot):** Dies ist die Hauptlinie, die durch die Geschäftsviertel der Stadt verläuft und **Umeda**, **Shinsaibashi** und **Namba verbindet**.
- **Chūō-Linie (Grün):** Fährt vom **Bahnhof Osaka** zum **Bahnhof Osakajō-koen**, in der Nähe **der Burg von Osaka**.

Tipp: Mit dem **Osaka Amazing Pass** erhalten Sie unbegrenzten Zugang zu allen U-Bahn-Linien und Bussen sowie Ermäßigungen bei den wichtigsten Attraktionen. Tickets können an **Fahrkartenautomaten** oder über die **Osaka Metro App gekauft werden**.

- **JR-Züge**: Die **JR-Westlinie** verbindet **Osaka** mit anderen Großstädten, einschließlich **Kyoto** (ca. 30 Minuten mit dem **JR Special Rapid Service**). Innerhalb von Osaka **bedienen JR-Züge** Gebiete wie **Umeda** (über **JR Osaka Station**) und **Namba** (über **JR Namba Station**).

Tipp: Der **JR Pass** kann verwendet werden, wenn Sie zwischen Städten reisen, aber für den Nahverkehr sind **möglicherweise ICACA-Karten** erforderlich, um die Nutzung zu vereinfachen.

- **Busse**: Busse sind weit verbreitet, aber **U-Bahn-** und **JR-Züge** sind für die meisten Touristen oft schneller und bequemer.
  - Die Buslinien sind in der Regel mit Nummern gekennzeichnet, z. B**. #1** und **#88**, und decken viele Wohngebiete oder Sehenswürdigkeiten ab, die mit der U-Bahn nicht leicht zu erreichen sind.

Tipp: In den Bussen in Osaka können **Sie nur bar** bezahlen oder es wird eine **ICACA-Karte** verwendet, um einfach zu bezahlen. Achte darauf, Münzen oder kleine Scheine dabei zu haben.

Die wichtigsten Sehenswürdigkeiten in Osaka:

- **Burg Osaka**
- **Distrikt Dotonbori**
- **Umeda Sky Building**
- **Universal Studios Japan**
- **Shinsaibashi** (Einkaufen)
- **Namba** (Unterhaltung und Essen)

Reisetipps für Kyoto & Osaka

- **IC-Karten**:
  ICOCA ist die bequemste Karte für Reisen in Kyoto und Osaka. Es kann in Bussen, U-Bahnen und Zügen verwendet werden und kann an Verkaufsautomaten oder Convenience-Stores aufgeladen werden. Es ist ideal für Touristen, die das Mitführen von Bargeld für den Transport vermeiden möchten.
- **Vermeiden Sie die Hauptverkehrszeiten**: In beiden Städten kann es während der Hauptverkehrszeiten (7:30 bis 9:00 Uhr und 17:00 bis 19:00 Uhr) überfüllt sein, insbesondere in der U-Bahn. Planen Sie Ihre Reise zu diesen Zeiten, um die Menschenmassen zu vermeiden.

- **Tickets**:Tickets können an **den Fahrkartenautomaten** an U-Bahn- und Bahnhöfen gekauft werden. Für Touristen bieten der **Osaka Amazing Pass** und der **Kyoto City Bus & Subway Pass** ein hervorragendes Preis-Leistungs-Verhältnis und bieten unbegrenzte Fahrten und Ermäßigungen bei den wichtigsten Attraktionen.
- **Wandern & Erkunden**: Kyoto und Osaka sind beide unglaublich **begehbare Städte**. Viele Sehenswürdigkeiten in Kyoto liegen nahe beieinander, so dass man leicht zwischen ihnen hin- und herschlendern kann. In Osaka ist ein Spaziergang durch Bezirke wie **Dotonbori** oder **Shinsaibashi** ein unterhaltsames, fesselndes Erlebnis.

Karten-Empfehlungen

- **Kyoto-Karte**: Einen detaillierten **Stadtplan von Kyoto** finden Sie in **der Kyoto Station Tourist Information** oder verwenden Sie die **Kyoto Travel** App, die Routenvorschläge und Informationen zum öffentlichen Nahverkehr bietet.
- **Osaka Map**: Die **Osaka Metro** App bietet detaillierte U-Bahn-Karten und Echtzeit-Updates, während die **Osaka Travel** Guide-App Wanderrouten und Informationen zum öffentlichen Nahverkehr bietet.

Mit diesen Karten und Reiseführern wird die Navigation in Kyoto und Osaka einfach und stressfrei, sodass Sie sich darauf konzentrieren können, all die unglaublichen Sehenswürdigkeiten und Erlebnisse zu genießen, die jede Stadt zu bieten hat.

Glossar mit nützlichen japanischen Begriffen für Reisende

Hier ist ein prägnantes Glossar mit wichtigen japanischen Wörtern und Phrasen, die Sie in **Kyoto** und **Osaka finden werden**, geordnet nach Kategorien, damit Sie leicht nachschlagen können. Diese Begriffe helfen Ihnen, sich im täglichen Umgang zurechtzufinden und Sprachbarrieren zu reduzieren.

Grundlegende Begrüßungen und höfliche Sätze

- **Konnichiwa** (こんにちは) – **Hallo / Guten Tag**
  Aussprache: "Koh-nee-chee-wah"
- **Arigatō gozaimasu** (ありがとうございます) – **Vielen Dank**
  Aussprache: "Ah-ree-gah-toh goh-zah-ee-mass"
- **Sumimasen** (すみません) – **Entschuldigung / Es tut mir leid**
  Aussprache: "so-me-mah-sen"
- **Sayonara** (さよなら) – **Aussprache**
  von Goodbye: "Sah-yoh-no-rah"
- **Onegaishimasu** (お願いします) – **Bitte**
  Aussprache: "Oh-neh-gai-shee-mass"

Transport

- **Eki** (駅) – **Aussprache des** *Bahnhofs: "Eh-kee"*
- **Densha** (電車) – **Aussprache des** *Zuges: "Den-shah"*
- **Basu** (バス) – **Aussprache des** *Busses: "Bah-su"*
- **Chikatetsu** (地下鉄) – **U-Bahn-Aussprache** *: "Chee-kah-the-tsu"*
- **Kippu** (切符) – **Aussprache des** *Tickets*: "Kee-ppu"
- **Ikura desu ka?** (いくらですか?) – **Wie viel kostet es?** *Aussprache*: "Ee-koo-rah des-kah?"
- **Kōen** (公園) – **Aussprache des** *Parks*: "Koh-en"

Abendessen

- **Itadakimasu** (いただきます) – **Let's eat / Aussprache von Bon appétit:** "Ee-tah-dah-kee-mass"
- **Gochisōsama deshita** (ごちそうさまでした) – **Danke für das Essen** (nach dem Essen) *Aussprache*: "Goh-chee-soh-sah-mah desh-tah"
- **Oishii** (おいしい) – **Köstliche** *Aussprache*: "Oh-ee-shee"

- **Menyu** (メニュー) – **Aussprache** *des Menüs*: "Meh-nyoo"
- **Nomimono** (飲み物) – **Aussprache** *des Getränks*: "Noh-me-moh-noh"
- **Tōryori wa nan desu ka?** (料理は何ですか?) – **Was ist das für ein Gericht?**
  Aussprache: "Toh-ree-oh-ree wah nahn des-kah?"

Einkaufen

- **Ikura desu ka?** (いくらですか?) – **Wie viel kostet das?**
  Aussprache: "Ee-koo-rah des-kah?"
- **Arigatō gozaimasu** (ありがとうございます) – **Vielen Dank (für den Kauf)**
  Aussprache: "Ah-ree-gah-toh goh-zah-ee-mass"
- **Kore wa ii desu** (これはいいです) – **Ich mag diese**
  Aussprache: "Koh-reh wah ee des"
- **Dōmo** (どうも) – **Dank / Hallo** (informell)
  Aussprache: "Doh-moh"

Notsituationen

- **Tasukete kudasai** (助けてください) – **Bitte hilf mir** *bei der Aussprache*: "Tah-so-keh-the koo-dah-sigh"

- **Byōin wa doko desu ka?** (病院はどこですか?) – **Wo befindet sich das Krankenhaus?**
  Aussprache: "Byoh-een wah doh-koh des-kah?"

- **Keisatsu** (警察) – **Aussprache**
  der Polizei: "Kay-sah-tsu"

- **Honjitsu wa seikyō desu** (本日は青行きです) – **Dies ist ein Notfall** (nützliche Phrase für Notfälle)
  Aussprache: "Hon-ji-tsu wah se-i-kyou des"

Allgemeine Tipps für die Kommunikation

- **Wa** (は) – **Themenmarkierung** , die in Sätzen verwendet wird (ausgesprochen "wa", obwohl sie als "ha" geschrieben wird).

- **Desu** (です) – **Höfliche Satzende** , die den Satz formeller klingen lässt.

- **Kudasai** (ください) – **Bitte gib mir** oder **bitte tue**. Wird oft verwendet, wenn etwas angefordert wird.

Tipps zur Aussprache

Die japanische Aussprache ist im Allgemeinen phonetisch und unkompliziert. Jede Silbe wird klar ausgesprochen, ohne stumme Buchstaben. Hier sind einige hilfreiche Tipps:

- **"R"-Laute** sind weicher als Englische, etwas zwischen einem englischen "L" und "R".

- Die Vokale sind **kurz und knackig**:
    - **A** wie "Auto"
    - **I** wie in "sehen"
    - **U** wie "Essen"
    - **E** wie "Bett"
    - **O** wie "go"
- **Konsonanten** sind im Allgemeinen hart, aber Japanisch ist silbisch und jede Silbe ist unterschiedlich.

Mit diesem Glossar können Sie sich in Kyoto und Osaka leichter zurechtfinden und effektiv kommunizieren, selbst wenn Sie nur über begrenzte Japanischkenntnisse verfügen. Einfache Höflichkeit und das Bemühen, die Sprache zu verwenden, werden von den Einheimischen immer geschätzt!

Notrufnummern und Gesundheitseinrichtungen in Japan

Japan ist bekannt für seine hervorragende Gesundheitsversorgung und Notfalldienste. Nachfolgend finden Sie wichtige Notfallnummern und Gesundheitsressourcen für Touristen, die **Kyoto** und **Osaka besuchen**.

Notrufnummern:

- **Polizei (Notfall): 110**
  Für die Meldung von Straftaten, Unfällen oder Notfällen, die polizeiliche Hilfe erfordern.

- **Krankenwagen & Feuerwehr (Notfall): 119**
  Für medizinische Notfälle oder brandbedingte Vorfälle, einschließlich Krankenwageneinsatz.
- **Touristenpolizei**: **0570-011-000**
  Für englischsprachige Hilfe bei nicht dringenden Problemen wie verlorenen Gegenständen oder allgemeinen Anfragen.

Krankenhäuser & Kliniken:

- **Kyoto**:
  - **Kyoto City Hospital** (Kyoto-shi, Kawaramachi): **+81-75-322-2111Website: Kyoto City Hospital**
  - **Universitätskrankenhaus Kyoto** (Kyoto-shi, Yoshida): **+81-75-751-3111Website: Universitätskrankenhaus Kyoto**
- **Osaka**:
  - **Universitätsklinikum Osaka** (Osaka-shi, Suita): **+81-6-6879-5111Website: Universitätsklinikum Osaka**
  - **St. Luke's International Hospital** (Osaka-shi, Honjo): **+81-6-6473-3000Website: St. Luke's Hospital**

Dienstleistungen in der Apotheke:

Die meisten Apotheken in Kyoto und Osaka bieten rezeptfreie Medikamente an. **Matsumoto Kiyoshi** ist eine beliebte Apothekenkette, die in beiden Städten zu finden ist und eine Vielzahl von Gesundheitsprodukten und Medikamenten anbietet.

- **Matsumoto Kiyoshi** Webseite: Matsumoto Kiyoshi

Tipps für den Zugang zu medizinischer Versorgung:

- **Notaufnahmen** in Japan haben oft englischsprachiges Personal, vor allem in Großstädten wie Osaka und Kyoto.
- Halten Sie Ihre **Reiseversicherungsdaten immer** griffbereit, da die meisten Krankenhäuser eine Vorauszahlung verlangen. Wenn Sie sich unsicher sind, wenden Sie sich an den Concierge-Service Ihres Hotels.

Empfohlene Apps und Websites für Kyoto & Osaka

Für ein nahtloses Reiseerlebnis in **Kyoto** und **Osaka** verbessern diese sorgfältig ausgewählten Apps und Websites Ihre Reise, indem sie eine einfache Navigation, Restaurantbewertungen, Informationen zu lokalen Veranstaltungen und vieles mehr bieten.

1. Google Maps

- **Verwendung**: Navigation & ÖPNV
  Warum: **Google Maps** ist unerlässlich, um sich in Kyoto und Osaka fortzubewegen, sei es zu Fuß, mit öffentlichen Verkehrsmitteln oder mit dem Taxi. Es bietet Echtzeit-Updates zu Routen, U-Bahn-Linien und Wegbeschreibungen. Webseite: Google Maps

2. HyperDia

- **Verwendung**: Zug- und Transitfahrpläne
  Warum: **HyperDia** hilft Ihnen, sich in Japans ausgedehntem Zugnetz zurechtzufinden. Sie können nach Zugverbindungen zwischen Kyoto und Osaka suchen,

inklusive Fahrplänen und Transferinformationen, was sie perfekt für Reisende macht, die zwischen Städten wechseln. Webseite: HyperDia

3. Japan Reisen mit der NAVITIME

- **Verwendung**: Informationen zu lokalen Verkehrsmitteln und Veranstaltungen
  Warum: Diese App bietet detaillierte Transitrouten für Busse, U-Bahnen und Züge. Es listet auch lokale Veranstaltungen auf, die Ihnen bei der Planung Ihrer Aktivitäten helfen können. Es ist eine hervorragende Ressource, um sich in den Städten zurechtzufinden und sich über laufende Ereignisse zu informieren. Webseite: NAVITIME

4. TripAdvisor

- **Warum**
  : **TripAdvisor** bietet Nutzerbewertungen zu Restaurants, Sehenswürdigkeiten und Unterkünften in Kyoto und Osaka. Es ist eine vertrauenswürdige Quelle, um die am besten bewerteten Orte und versteckten Schätze zu finden, die auf echten Erfahrungen von Reisenden basieren. Webseite: TripAdvisor

5. Tabellen-Check

- **Verwendung**: Restaurantreservierungen
  Warum: **TableCheck** ist eine großartige App für die Reservierung von Tischen in beliebten Restaurants in Kyoto und Osaka, insbesondere in solchen mit hoher Nachfrage. Es ist einfach zu navigieren und stellt sicher,

dass Sie kein Essen an den besten Orten verpassen. Webseite: TableCheck

Reiseleitungen/Dienstleistungen:

Für fachkundige Beratung sollten Sie diese **5-Sterne-Reiseveranstalter** in Betracht ziehen :

1. **Viator** (Deutschland)
   - Webseite: Viator
2. **Japanisch** (Kyoto/Osaka)
   - Webseite: Japanisch
3. **Inside Japan Tours** (Kyoto/Osaka)
   - Webseite: Inside Japan Tours
4. **Arigato Japan Kulinarische Touren** (Osaka/Kyoto)
   - Webseite: Arigato Japan
5. **Kontext Reisen** (Kyoto/Osaka)
   - Webseite: Context Travel

Diese Apps und Websites, kombiniert mit geführten Touren von vertrauenswürdigen Unternehmen, helfen Ihnen, Kyoto und Osaka mit Leichtigkeit zu navigieren und zu erkunden.

Vielen Dank, dass Sie sich für unseren Leitfaden entschieden haben!

Wir danken Ihnen aufrichtig, dass Sie sich die Zeit genommen haben, diesen Reiseführer für Kyoto und Osaka zu erkunden. Wir hoffen, dass es Ihnen geholfen hat, eine unvergessliche Reise zu planen und Sie dazu inspiriert hat, tief in die Schönheit, Kultur und Aufregung einzutauchen, die diese unglaublichen Städte zu bieten haben.

Wenn Sie diesen Leitfaden hilfreich fanden, würden wir uns freuen, von Ihnen zu hören! Dein positives Feedback und deine Bewertungen bedeuten uns sehr viel und helfen anderen Reisenden, fundierte Entscheidungen zu treffen, wenn sie ihre eigenen Abenteuer planen. Wenn Ihnen der Leitfaden gefallen hat, nehmen Sie sich bitte einen Moment Zeit, um eine **Rezension und Bewertung zu hinterlassen** – Ihre Unterstützung ist von unschätzbarem Wert.

Printed in Poland
by Amazon Fulfillment
Poland Sp. z o.o., Wrocław

54314286R00063